重訪
美麗新世界

BRAVE NEW WORLD REVISITED

ALDOUS HUXLEY

阿道斯・赫胥黎 著

梁永安 譯

目次

序

妙思之魂（soul of wit）[1]一個不小心便會淪為謊偽之身（body of untruth）。基於理之本然，簡潔（brevity）——不管簡潔得有多優雅和讓人難忘——從來不能曲盡一個複雜問題的方方面面。在我所論及的主題，扼要（brief）只能透過省略和簡化而獲得。省略和簡化可以幫助我們理解，但很多時候只能幫助我們理解片面，即只理解到被簡化者編排得整整有條的觀念，而非賴以抽象出這些觀念的浩瀚錯綜真實（是以抽象過程某個意義下頗為武斷）。

但人生短暫而資訊無窮，沒有人可能有時間窮盡一切。事實上，我們總是被迫在不周全的扼要闡述和完全不闡述之間做出抉擇。縮略是一種必要之惡，而縮略者的責任在

1 典出莎士比亞名言「妙思之魂在於簡潔」，其意義類似於「文以簡為貴」。

於竭力逼近本質上不可能得的周全，因為再不周全仍總勝過什麼都不做。他必須學會簡化而不流於歪曲，學會聚焦在中心議題而又不至於忽略掉太多重要邊緣議題。以這種方式，他能道出的真相（當然不是「全部真相」，因為在幾乎任何重要議題，「全部真相」都是與「簡潔」不相容的）容或會遠多於「四分之一真相」，和「二分之一真相」（兩者都是時下知識界的流通貨幣）。

「自由及其敵人」是個極龐大的主題，而我之所論肯定太短，有失周全。但至少我已觸及這問題的很多方面。每一方面的闡述也許都失之過簡，但這些連續的過簡加起來（但願如此）卻足以讓人一窺原有問題的巨大性與複雜性。

我略過未談的是自由的機械敵人與軍事敵人——也就是如今讓各國統治者在對付自家人民時，如虎添翼的各種武器和「硬體」，以及各國為準備愈來愈無意義的自殺式戰爭而投入的愈來愈讓人咋舌的軍費。我略過這些不是因為它們不重要，而是為了節省篇幅，也是因為我在別的場合已談過。所以，在閱讀以下各章時，讀者心裡應該存著一幅思想背景：這背景畫著匈牙利的起義及其鎮壓，畫著氫彈，畫著每個國家以「自衛」名義投入的高昂支出，還畫著乖乖列隊步向萬人塚的無數穿制服的青少年（白皮膚的、黑皮膚的、棕皮膚的和黃皮膚的）。

第一章　人口過剩

一九三一年創作《美麗新世界》之時，我深信書中的夢魘距實現為時尚遠。徹底的組織化社會，科學的種性制度，通過按部就班的制約作用廢除自由意志，利用快樂藥物讓人們對自己的奴役狀態甘之如飴，透過「睡眠學習法」灌輸正統思想——我深信這一切遲早會出現，但不是出現在我生前，甚至不是出現在我孫輩生前。我已不清楚記得《美麗新世界》裡的故事是發生在何年何月，只記得大概是福元六或七世紀左右。生活在二十世紀第二季的我們固然也經歷過一場夢魘，但其性質跟未來世界的夢魘截然不同。我們的夢魘源自秩序太少，福元七世紀的夢魘卻起因於秩序太多。因為從一個極端走向另一極端往往需要很長時間，所以我一度認為，中間階段的人類會是較幸運的一群：他們的世界既不像我們的世界那樣因為太自由而流於一盤散沙，又不像「美麗新世界」那樣因為太講究秩序而完全不留餘地給自由或個人。

事隔二十七年以後，身處二十世紀第三季和離福元一世紀結束尚遠的今日，我的樂觀情緒比我寫《美麗新世界》時候要大為減少。我在一九三一年所做的預言正比我原料想快得多的速度邁向實現。太少秩序夢魘和太多秩序夢魘中間的蒙福間隔階段迄未開始，也沒有跡象會開始。沒錯，在西方世界，個人仍享有相當大程度的自由。但就連在這些有民主傳統的國家，自由（甚至對自由的愛好）看來也正在式微之中。至於世界的其他地區，個人自由不是不復存在，就是明顯將要不復存在。我曾把全球極權化夢魘的發生日期定在福元七世紀，但現在看來，它已經從安全和遙遠的未來中走了出來，正在下一個路口等著我們。

歐威爾的《一九八四》是把當前的史達林主義，和大盛於去今不久的納粹主義放大後投射到未來。《美麗新世界》則是寫作於希特勒尚未在德國掌權，而蘇聯那位暴君也尚未完全露出猙獰面目之時。在一九三一年，系統性恐怖主義尚未像它在一九四八年[1]那般，成為一個讓人揮之不去的當代事實，而我想像中的未來獨裁政權也不如歐威爾書中那麼野蠻殘酷。站在一九四八年的脈絡看，《一九八四》裡的預期顯得極度可信。然而，暴君都是會死的凡人，而大環境又是會改變的。俄國最近的發展和科技的最新推進，都奪去了歐威爾書中的一些陰森逼真性。當然，只要爆發一場核子大戰，則任何人對未來的預測都會成為空話。但假定各強權能多少知所克制，不把人類帶向毀滅，那麼，從現在看來，未來世界將更有可能演變為《美麗新世界》描寫的樣子，而不是《一九八四》勾勒的樣子。

近年來有關動物行為（特別是人類行為）的研究清楚顯示，長遠來說，就控制效果而言，通過懲罰來抑制不合矩行為，並不如通過獎勵來強化合矩行為有效，而對全體人民進行高壓統治，也不如對個別男女的環境和思想感情進行非暴力操弄有效。懲罰只能暫時抑制不合矩行為，無法把行為者的「劣根性」消除。而且，懲罰本身所產生的身心副作用一樣可能會對社會不利。事實上，精神治療的大部分對象，都是些被兒時懲罰陰影籠罩而表現出失能或反社會傾向的病患。

《一九八四》裡的社會，幾乎全然是利用懲罰手段和恐懼懲罰心理遂行控制目的。但在我筆下那個未來世界，懲罰要少見得多，而且通常是出之以溫和的方式。其政府之所以能夠達成近乎完美的控制，靠的是以系統性獎勵加強合矩行為、實行多種近乎非暴力的生理和心理操弄，以及透過基因的標準化。以瓶子孵育嬰兒和以中央管控的方式進

1《一九八四》的出版年。

行繁殖，在技術上大概不是不可能的，但明顯的是，在今後很長一段時間內，人類仍然繼續會是一個隨機生殖的胎生物種。所以，在今後很長一段時間內，社會仍繼續會如舊日那般，是以懲罰手段進行控制，但與此同時，更有效的獎勵手段和科學操弄手段，所占的比例亦會愈來愈高。

在當前的俄國，老式的（可說是「一九八四式」的）獨裁主義已開始讓步給一種更先進的專制。對蘇聯階級社會的上層，當局更多是以獎勵來強化合矩行為，而不是以懲罰來抑制不合矩行為。工程師、科學家、教師和高層管理人員，稅負不高又可因表現出色而獲得豐厚獎金，所以不斷有誘因促使他們表現更佳以獲得更高的獎勵。在某些領域，他們還享有思想的自由，多多少少可以做他們自己喜歡做的事情。只有當他們踰越到意識形態和政治的領域才會懲罰加身。正因為享有一定程度的專業自由，俄國的教師、科學家和技術人員才會表現得那麼傑出。但住在社會金字塔底部的廣大群眾，卻享受不到這種專為少數高天賦者而設的特權。他們薪資微薄卻又得繳納高得不成比例的稅款（以高物價的方式徵收）。他們可以發揮興趣的範圍極端狹窄，而統治者控制他們的方法主要是懲罰和以懲罰作威脅，不是非暴力性操弄或以獎勵方式加強誘因。所以，蘇聯的系統可說是結合了《一九八四》的元素和《美麗新世界》裡有關上層階級的預言。

與此同時，一些我們幾乎無法抗衡的非人格力量，看來正把世界往「美麗新世界」夢魘的方向推，而這些推力復又受到商業和政治菁英開發出的種種操弄心靈新技術推波助瀾。後面各章會回過頭討論這些新技術（發明它們的目的是為某些少數人的利益擺布大眾的思想感情）。就目前，讓我們先把目光集中在那些讓世界變得對民主制度和個人自由非常不利的非人格力量。這些力量包括哪些？又為什麼我原設定為發生在福元七世紀的夢魘會突然加快步伐，快速向我們逼近？其答案必須往任何社會（包括最文明的社會）賴以開始的層面找去——即往生物學的層面找去。

在人類歷史的第一個聖誕節，全球人口的數量大約是兩千五百萬，即比今日中國的人口還少。十六個世紀之後，當第一批英國清教徒移民登陸普利茅斯岩（Plymouth Rock）之時，世界的人口數攀升至比五億略多一點點。到了美國獨立宣言簽署之時，世界人口已越過七億的標竿。一九三一年當我創作《美麗新世界》之時，世界人口數只略少於二十一億。事隔二十七年後的今日，世界住著二十億八千萬人。盤尼西林、DDT和乾淨飲用水都是廉價商品，它們對公共衛生的貢獻遠遠超過它們的價格。現在就連最窮的政府都有足夠財力大大降低人民的死亡率。但生育率卻完全是另一回事。只要政府仁慈，願意花錢雇用一批技術人員，自可把死亡控制帶給全體人民。但生育控制卻有賴全體人民的努力。它必須由無數的個人身體力行，所牽涉的智力及意志力超過大部分文盲所能擁有，而所需要的花費（避孕藥物和器具的花費）也不是數以百萬計國民中的大部分人所能負擔。另外，雖然舉世沒有一種宗教鼓勵早死，但歡迎無限制生育的宗教和社會傳統卻俯拾皆是。基於所有這些理由，要控制死亡非常容易，要控制生育卻極端困難。因此，死亡率近年來一直以驚人速率下滑，但生育率卻要麼維持高昂，要麼下降得非常緩慢。結果就是，現今世界的人口增加速度比人類歷史有過的任何時候都快。

另外，人口的年增率本身也在增加：既按照著複利的原理規律地增加，又因著把公共衛生原理應用在落後社會而不規律地增加。目前，世界年增的人口大約是四千三百萬，而這表示，每過四年，世界新增的人口就會相當於印度當前的總人口。從基督降生至伊莉莎白一世駕崩這段時間，世界人口花了十六個世紀才翻了一番。但以目前的年增率，世人用不著半個世紀便會再多一倍。更糟的是，到了那時候，這星球大部分最肥美的地區早已人滿為患，地力已被胡亂墾殖的農夫大大破壞，而大部分容易開採的礦物也被世人（像個揮霍薪水痛飲的歸航水手那樣）消耗得差不多。

在我想像的那個「美麗新世界」裡，資源不夠分配的問題業已獲得有效解決。一個世界人口的最優值被計算了出來（如果我沒記錯，應該是二十億左右），此後每一代人口數都是維持在這個水平。但在現實中的今日世界，這問題不但迄未解決，還逐年惡化，變得愈來愈讓人望而生畏。我們時代的各種政治、經濟、文化和心理戲碼，莫不是以這個嚴酷的生物學為背景搬演。隨著二十世紀向前推移，隨著新的幾十億人倍加到原有的幾十億人（到我孫女五十歲的時候，世界將會有不少於五十五億人口），這個生物學背景也會愈來愈往前移，愈來愈咄咄逼人，最終移至舞台的前沿和中心。要如何解決急速增加人口對自然資源、社會穩定與個人自由所構成的壓力——這難題已成了人類當前的核心難題，大概也會繼續困擾下一世紀乃至以後的許多世紀。人們原以為一九五七年十月四日[2]標誌著一個新世界的開始，但從今日觀之，各種「後史普尼克」（post-Sputnik）的興奮談論都是不相干甚至是沒意義的。因為對世界絕大多數民眾來說，即將來臨的時代將不會是太空時代，而是人口過剩時代。我們可改編一首老歌，發出一問：

你那大大的太空
能在廚房裡生出火來嗎？

2 蘇聯的「史普尼克」衛星（人類第一顆人造衛星）發射升空的日子。

你的太空之神懂得使烤肉叉嗎？[3]

答案顯然是否定的。在月球殖民也許能給有此能耐的國家帶來軍事優勢，但對住在地球那數十億營養不良和不斷繁衍的人們來說，這種發展不會讓他們的生活更好過。即便未來哪天移民火星變得可能，以及有大量男女走投無路之下，願意選擇生活在如聖母峰一倍高山脈的環境，地球的困境就會因此改善嗎？過去四世紀以來，有相當大量人口從舊大陸航向新大陸。但不管是他們的離開還是食物及原物料的反過來輸入，都解決不了舊大陸的諸多難題。類似的，把少量過剩的人類送往火星，也解決不了我們星球與日俱增的人口壓力（更遑論發展相關科技和進行運輸的成本，是平均每人數以百萬美元）。因為這個難題迄未解決，其他所有難題變得更難解決。更糟的是，它會創造出一些對個人自由和民主生活方式都不利的因素。不是所有獨裁政權都是取道同一方式興起。通向「美麗新世界」的道路有很多條，但大概最直最寬的道路就是我們今日正在走的一條，即由龐大人口和急速人口增長率所鋪成的一條。以下我會扼要說明一下，何以過多與過快倍增的人口，跟極權主義哲學的形成和獨裁政權的興起有著密切連動關係。

愈來愈多的人口會對可用資源構成愈來愈大的壓力，而處於這種磨難的社會也會變得更岌岌可危。這道理尤其適用於低度開發地區，那裡的死亡率因為盤尼西林、DDT和乾淨飲用水的引入而急速下降，但生育率卻沒有相應降低。在亞洲的一部分和大半個中南美洲，其人口的增長是那麼迅速，以致用不了二十年便會增加一倍。倘若它們的糧食、製造品、房屋、學校和老師的增長率能高於人口增長率，那麼，住在這些低度發展和人口過剩地區的人，便有可能改善他們的悲慘命運。不幸的是，這些國家不只缺乏農業機具和可以生產這些機具的工廠，還缺乏可以建立這些工廠的資本。所謂資本，就是一國在滿足其人口的基本需要後所剩下的財政盈餘，但既然低度開發國家大部分人口的基本需要從未得到充分滿足，所以每年結算下來幾乎分文不剩，以致幾乎沒有資本可以創辦工業性和農業性工廠。見於所有低度發展國家的另一難題是嚴重缺乏技術勞動力，而這種勞動力又是要運作現代化工業和農業工廠所不可或缺的。它們的教育設施不足，金融與文化資源亦不足，以致無法因應情緒的快速改變及時改善既有設施的水平。目前，有些低度開發國家的人口年增長率已達百分之三。

3 原歌曲寫一個少年向一個少女求婚，表示自己內心充滿愛火，女的反問他：「你那滿滿的愛／能在廚房裡生出火來嗎？／你的小愛神懂得使烤肉叉嗎？」意指：「你的愛火能當麵包吃嗎？」

近年有一本談這種悲慘狀況的重要著作：布朗（Harrison Brown）、邦納（James Bonner）和韋爾（John Weir）三位教授合著的《下一個百年》（*The Next Hundred Years*），出版者為加州理工學院。人類對人口急速增長的問題應付得如何？不怎麼成功。「有相當強烈證據顯示，過去半世紀以來，在大部分低度開發國家，平均個人的命運有明顯變差。他們要比從前更營養不良，每人平均可用的財貨要更少。幾乎任何改善這狀況的努力都被人口持續增長的無休止壓力所抵消。」

當一個國家的經濟處境變得岌岌可危，中央政府就會被迫肩負起維護公共福祉的傳統責任。它必須規畫出應付危急處境的精密計畫，必須對人民的活動施以愈來愈大的限制。又如果惡化的經濟處境導致政治不安（這是極有可能發生的連動性），中央政府便必須動用武力維持公共秩序和自己的權威。於是，愈來愈多的權力會集中到政治大老闆和他一票經理手中。但權力有這麼一種特質：即便那些不是主動尋求大權而是被迫握有大權的人，在嚐過甜頭後照樣會想要更多。我們禱告時會說「請不要叫我們遇見誘惑」[4]，而我們也真有很好理由這樣禱告：因為一個人若是受到太誘人或太持久的誘惑，一般都會屈服。民主憲法之設正是為了防止統治者屈服於最危險的一種誘惑：大權一把抓。這類憲法在有尊重憲政傳統的國家（如英國或美國）運作良好。但在共和傳統或君主立憲傳統脆弱的地方，則再最完美的憲法也無法阻止野心勃勃的政客欣然屈服於權力的誘惑。這種誘惑又必然會出現在人口壓力對可用資源已構成嚴重壓力的國家。人口過剩會導致經濟不安全和社會不安定。經濟不安全和社會不安定又會讓中央政府加強控制，權力大增。在憲政傳統闕如的國家，增加後的權力十之八九會以獨裁的方式行使。即使共產主義意識形態從未誕生，這種事仍然大有可能發生。但共產主義畢竟已經誕生。有鑑於這個事實，人口過剩會導致社會不安定、再導致獨裁統治的機率幾乎是百分百。我們可以相當有把握地這樣預言：從今起往後二十年，世界所有人口過剩的發展中國家，都會是處於某種形態的極權統治之下，而且十之八九是由共產黨統治。

這種發展會對人口過剩但高度工業化且仍然民主的歐洲國家，有何影響呢？如果新形成的獨裁政權對它們採取敵意，又如果從發展中國家輸入的原物料流量被刻意截斷，那歐洲國家將會發現自己的處境大不妙。它們的工業系統將會崩潰，而它們高度發達的科技（歐洲一直都是靠這些科技，來支持它那遠超過在地資源所能負荷的人口）也將失去保護作用，再也無法應付太多人口擠在太小一片地域的後果。真是這樣的話，中央政

4 這是基督教「主禱文」的句子。

府將會迫於惡劣的大環境而大權一把抓，並逐漸以向極權主義看齊的方式使用這些權力。

美國目前不是人口過剩國家。然而，其人口若是繼續保持目前的成長速率（這速率比印度高，但讓人愉快地遠低於墨西哥或瓜地馬拉），那資源不夠分配的問題到二十一世紀初也許就會變得棘手。就目前，人口過剩對美國的個人自由尚未構成直接威脅。儘管如此，它仍是一種間接威脅，是個只潛伏於一街角之遙的危險。因為若有許多低度開發國家迫於人口壓力而選擇極權主義，又若這些新的獨裁政權選擇與俄國結盟，那美國的軍事地位將較不牢固，有必要大大加強防禦與報復能力。但我們知道，當一個國家老處於戰爭立足點（甚或只是老處於準戰爭立足點），個人自由便不可能繁榮昌盛。長期危機會使中央政府有正當口實把一切長期置於其控制之下。而在一個人口過剩的世界，會出現長期危機乃屬勢所必然，亦幾乎勢所必然會出現受共產主義者羽翼庇護之獨裁政權。

第二章　質、量與道德考量

我在《美麗新世界》裡想像優生學和劣生學（dysgenics）得到了系統化的落實應用。那時的孵育中心有兩大類瓶子，一類瓶子裡放著以優秀卵子和優秀精子結合而成的受精卵——他們在胚胎階段會受到最無微不至的照顧，最終脫瓶為「乙人」、「甲人」，甚至「甲上人」。另一類瓶子（數目多得多）則放著劣等卵子和劣等精子結合而成的受精卵——受精卵會先經歷波坎諾夫斯基程序（這程序可讓單一顆受精卵生出九十六個同卵多胞胎），再在胚胎階段以酒精和其他蛋白質毒物抑制。這樣可確保嬰兒在脫瓶時會成為近乎次人（subhuman）。雖然是次人，他們仍勝任非技術性工作。又因為受過適當的條件制約、不受限制地可以頻繁跟異性上床、不斷有免費的感官娛樂活動可以享受，而且會因為循規蹈矩而獲得每日的唆麻配給，他們心滿意足，從不會給上司帶來麻煩。

在二十世紀下半葉的今日，我們固然沒有進行系統性的育種（breeding），但出於隨機和不規則的方式，我們不但使得世界人口過剩，看來還保證了這些多出來的人口生物品質欠佳。在不美好的舊日，生而具有可觀遺傳缺陷（甚至只有些微缺陷）的小孩都難望存活，但如今，拜衛生環境改善、現代藥理學和社會良知之賜，大部分生而具有遺傳缺陷的小孩都可活到成年，進而繁殖後代。在目前的大環境，每個醫學進步的效果看來都會被有基因缺陷個體存活率的增加所抵消。即便將來會出現新的神奇藥物和更佳療法，人類整體的體質都將不會有所改善，而且甚至會更加衰頹（這情形甚至可說是神奇藥物和更佳療法本身導致）。隨平均健康狀況齊走下坡的也許還有平均智力。事實上，有些權威專家斷言，平均智力下降現象業已發生，而且會每下愈況。謝爾登博士（Dr. W. H. Sheldon）即指出：「在目前毫無管制的放任情況下，我們的最佳血種（stock）在數量上有被各方面都遜一籌的血種超過的趨勢……一些學術圈子流行一種意見，認為兩者出生率差距的拉大不足為懼，把問題僅僅歸咎於經濟原因，或是教育原因，或是宗教原因，或是文化原因。這是一種盲目樂觀主義。繁殖的劣質化是一種生物性現象和基本現象。」他又補充說：「自特曼（Terman）在一九一六年把智商的一般水平定為一百之後，誰都不知道這國家（指美國）的平均智商降低了多少。」

在一個低度開發和人口過剩國家，當其五分之四人口每天的卡路里攝取量都少於兩千大卡，只有五分之一人口可以獲得足夠飲食——這樣的地方是民主制度可能自然出現的嗎？若是把民主制度從外強加從上而下強加，它有可能存活嗎？

再來看看富有、工業化和民主化社會的情形。出於劣生學隨機但有效率的執行，這些社會的平均智商和體格強度也是在下降中。既如此，它們的個人自由和民主政府傳統能保持多久呢？再過五十或一百年，我們的子孫自會知道答案。

眼下，我們發現自己面臨著一個最讓人困擾的道德難題。我們知道，善良的出發點不足以做為惡劣手段藉口，但換成是手段善量卻結果惡劣（這是今日常發生的現象），我們又該作何感想？

一個例子是以DDT幫助一個熱帶島嶼消滅瘧疾。此舉在兩三年內便可拯救數以十萬計的人命，所以顯然是好事。問題是，該島嶼的可用資源並無法提供足夠的衣服、住房、教育和甚至糧食給這數以十萬計獲拯救的生命（更遑論他們日後會繁殖出的數以百萬計生命）。因瘧疾而早夭的情況固然是不復見了，但營養不良和人口過擠的生活慘狀卻成了常規，也讓多更多的人得面對因飢餓而緩慢死去的威脅。

那麼，對於我們社會裡那些先天不足的有機體（他們靠著現代醫藥和社會福利而得以保存下來並因此有機會繁殖後代），我們又應該如何看待？幫助不幸顯然是好事，可是，任由大量不好的變異（mutations）傳到我們的後代，任由人類的基因庫持續受到污染，卻同樣明顯是壞事。所以，我們是正身處一個道德兩難式之上，騎虎難下——想找出中庸之道將需要動員我們的所有智慧和所有善意。

第三章　組織臃腫

正如我說過，通向美麗新世界夢魘最短和最寬的路道，是由人口過剩和不斷提高的人口增長率所構成。今日的世界人口是二十億八千萬，到了世紀之交將增加至五十五億，而屆時，大部分人類將面臨無政府狀態和極權統治的兩難選擇。但人口對可用資源日增的壓力不是唯一把我們推向極權主義方向的力量，因為這個威脅著自由的盲目生物學敵人還有一個威力龐大的盟友：我們最引以自豪的科技進步。我們當然有道理自豪，因為科技進步乃是聰明才智和努力不懈賣力工作的產物，是邏輯、想像力和自我犧牲的產物，其所表現的精神精神美德和知性美德在在只能叫人欽佩。只不過天底下沒有白吃的午餐。科技那讓人驚異和欽佩的進步都是必須付出代價。就像為去年購買的最新型洗衣機繳分期一樣，我們至今還在為科技進步繳著分期付款，而且繳款額是一期比一期高。許多歷史學家、社會學家和心理學家都曾憂心忡忡地長篇探討過西方人為他們的科技已付出和將要付出什麼代價。例如，他們指出過，民主難望在一個政治和經濟權力愈來愈集中的社會繁榮昌盛，而科技進步卻正好導致了這樣的權力集中。這是因為，隨著大量生產的機制被改良得更有效率，它也會變得更複雜和更昂貴，愈來愈不是資財有限的資本家所能負擔。另外，大量生不了大量配送就會的配合，但大量配送引生的難題只有那些規模最大的生產者可以圓滿解決。在一個大量生產與大量配送的世界，小商人處於極其不利的地位。隨著小商人一一消失，愈來愈大的經濟權力集中到了愈來愈少的人手中。獨裁政權下的大企業是由國家控制（換言之是由一小群黨的領導人和其手下的軍隊、警察和公僕控制），而在資本主義的民主國家（如美國），大企業則是由米爾斯教授（C. Wright Mills）所謂的「權力菁英」（Power Elite）操縱。這批「權力菁英」直接雇用數以百萬計的人力於他們的工廠、辦公室和店鋪，又透過借錢給數以百萬計想購買他們產品的人而控制這些人，再透過擁有大眾傳播媒體而影響到幾乎每個人的思想、感情與行為。借邱吉爾的話說，世界從不曾有過那麼多的人是由那麼少的人所擺布。我們早已經遠離了傑佛遜[1]的自由社會理念：按他的構思，真正的自由社會應該是由層級分明的自治單位（區議會、縣議會、州議會、聯邦議會）構成。

現代科技的發展導致了經濟權力和政治權力的集中化，導致了大財閥和大政府對社會的控制（在極權社會是明目張膽，在民主社會是委婉而不顯眼）。但社會是由個人組成，也只有那些能幫助個人發揮潛力、活出快樂與創造性人生的社會堪稱好社會。近年的科技進步對個人產生了哪些影響？以下是哲學家暨精神病學家弗洛姆（Erich Fromm）所給出的答案：

> 當代西方社會雖在物質、思想和政治方面有長足進步，卻愈來愈不利於心理健康。它傾向於動搖個人的內在安全感、快樂、理性和愛人能力，傾向於把個人變成機器，讓他們必須用日甚一日的精神疾病為他們的失敗人生支付代價，也讓他們把他們的絕望隱藏在工作狂和所謂的快樂（Pleasure）裡。

我們「日甚一日的精神疾病」的展現之一，也許是種種精神官能症症候。這些症候顯著而極端叫人痛苦。但弗洛姆博士提醒我們：「必須慎防的是不要把預防等同於心理衛生。症候本身不是我們的敵人，反而是我們的朋友。有症候就表示有衝突，而有衝

---

1 傑佛遜：美國開國元勳，第二任總統。

突總是表示我們的生命力仍然在為追求完整和幸福而戰。」真正沒救的精神疾病患者往往是看似最正常的人。「他們很多人看似正常，是因為非常能適應現代的生存模式，是因為他們很早歲便把他們的人類聲音關閉，所以用不著像精神官能症患者那樣會出現種種症候，為其所苦和需要與之戰鬥。」這種人之所以貌似正常，只是因為他們能對一個極不正常的社會安之若素。這種充分適應正顯示出他們已病入膏肓。這數以百萬計不正常的「正常人」生活得無憂無慮，繼續享受著「個體性的假象」，哪怕實際上他們已經在很大程度上去個體化（deindividualized）。他們的從眾性（confirmity）會逐漸演變出一種劃一性（Uniformity）。但「劃一性與自由是不相容的。劃一性與精神健康同樣不相容……人天生不是機器，而如果一個人變成了機器，就表示他精神健康的基礎已被摧毀」。

在萬物的演化過程中，大自然費煞苦心讓每個個體長得各不相同。人類是透過結合父母雙方的基因而得以繁衍。這些遺傳成分的可能結合方式也許可以多至於無限。所以，不管生理還是心理上，我們每個人皆是獨一無二。然而，出於效率的考量，或是為了服從某種政治或宗教教條，文化卻嚴重漠視人的生物學本質，硬要把人類個體給標準化。

我們也許可以把「科學」定義為一種追求把雜多性（multiplicity）化約為統一性

（unity）的努力。科學致力於解釋無限紛紜的自然現象，方法是把獨特事件的獨特性置之不理，集中注意力於它們的共通處，最後抽離出某些抽象的「法則」，讓自然現象變得可理解和可為我們駕馭。蘋果從樹上掉下和月亮運行於天空便是個中例子。人類從無法追憶的遠古開始就觀察到這兩個現象，而且就像葛楚・史坦（Gerturde Stein）一樣，深信蘋果就是蘋果就是蘋果[2]，而月亮就是月亮就是月亮。情形要到了牛頓出現才發生丕變：他看出了蘋果掉下和月亮運行這兩種非常不相似的現象其實有著共通處，並由此悟出引力理論，讓蘋果、天體乃至物理宇宙內一切事物的行為都可以通過同一個觀念系統得到解釋和加以駕馭。藝術家的創作也是本著同一種精神：用他的想像力賦予無限繁複多變的外在世界一個雕塑、文學或音樂模式，使之變得條理井然。這種把秩序加於混亂、在不諧和中建立和諧和在雜多找出統一的渴望，乃是一種知性本能，是人類心靈首要和基本的衝動——我且稱之為「追求秩序之意志」（Will to Order）。在科學、藝術和哲學領域，「追求秩序之意志」的運作通常都會帶來裨益。沒錯，「追求秩序之意志」

2 這話是模仿葛楚・史坦的著名詩句「玫瑰就是玫瑰就是玫瑰」。葛楚・史坦為二十世紀早期知名文化人。

是弄出過許多以不充分證據的草率綜合、許多荒謬的形而上和神學體系、許多歪曲現實的迂腐見解。但這些謬誤不管有多令人遺憾，它們都沒有帶來太大傷害，至少是沒帶來直接傷害（間接傷害倒時或有之，例如，一些差勁的哲學體系有時會被不安好心的人拿來為無意義和泯滅人性的行為背書）。不過，在社會、政治和經濟的領域，「追求秩序之意志」卻相當有危險性。

在這些領域，把雜多性化約為統一性不再只是一種理論性化約，還是一種實作性化約：把人類多樣性化約為次人類劃一性，把自由化約為奴役。在政治領域，等值於科學理論和哲學體性的是極權主義獨裁政體。在經濟領域，等值於構圖漂亮藝術作品的是運作流暢的工廠，其中的每個工人都完全適應於機器。「追求秩序之意志」可以把那些本來只是想收拾混亂的人暴君。井井有條的美會被用於為專制主義背書。

組織是人所不可或缺，因為自由只有在由個人自願組成和互助合作的共同體裡方能存在，也才有意義。但組織雖是人所不可或缺，卻也可能帶來災難。太組織化會把男男女女轉化為機器，窒息創意精神和讓自由成為不可能。一如往常，唯一解決方法是找出中庸之道，在自由放任和完全控制兩個極端之間建立平衡。

過去一個世紀以來，隨著科技連續不斷地推進，組織化程度也連續不斷推進。這是因為，複雜的機器必須有複雜的社會安排來配合，如此，新的生產手段方能以最大的效率運作。為了融入這些組織，個人必須把自己去個人化，必須否定本具的獨特性，竭盡所能地變成機器。

組織臃腫的非人後果復又被人口過剩的後果所強化。工業的膨脹把愈來愈多的人口吸入大城市。但大都市的生活並不利於心理健康（研究指出，精神分裂症高發於工業區擁擠貧民窟的居民），也無法促進會見於小型自治群體的那種有責任感的自由（這種自由是真正民主的第一先決條件）。城市生活既匿名又抽象。在城市，人與人不是以「全人」的身分相處，而是以他們代表的經濟功能打交道——下班後則是以不用負責任的追求娛樂者身分打交道。受制於這種生活，個人往往會感到孤單和無足輕重。他們的人生不再有任何目的或意義。

從生物學來說，人只是有群居傾向的物種，不是徹頭徹尾的社會性動物——換言之是像狼或大象遠多於蜜蜂或螞蟻。人類社會的最初樣式完全不像蜂巢或蟻丘，僅僅是以一小群一小群的方式聚居。「文明」意味的其中一點正是把最初的群居小群體轉化為類似社會性昆蟲的有機共同體。目前，人口過剩和科技進步的壓力使得這一過程加速化。有些人甚至把人類社會的「蟻窩化」視為理想境界。無庸說，這個理想永不可能實現，因為橫在社會性昆蟲和人類（一個只有點群居傾向和擁有大腦的物種）之間的鴻溝厥為巨大。不管如何努力，人類照樣不可能創造出一個社會有機體。在這樣努力的過程中，他們只會創造出極權主義的專制統治。

《美麗新世界》呈現的是一個光怪陸離和有點下流的社會。在其中，把人類改造為白蟻的努力被推至最大極限。顯然，我們目前正被迫朝著「美麗新世界」的方向走。同樣顯然的是，只要意願夠強烈，我們是有可能拒絕向驅策著我們的種種盲目力量屈服。但就目前，抵抗的心態看來不是太強烈，或不是太普遍。就像懷特（William Whyte）在其不凡著作《組織人》（*The Organization Man*）裡顯示的，一種「合群倫理」（Social Ethics）正在逐漸取代我們的傳統倫理體系（一種把個人放在首位的體系）。「社會倫理」的關鍵字是「調適」、「配合」、「合群取向行為」、「歸屬」、「團隊合作」、「群體忠誠」、「群體動力」、「群體思維」和「群體創造力」。其基本假設是社會整體要比構成它的個體重要和有價值得多，所以個人必須把天生差異性犧牲給文化劃一性，而集體的權利也總在十八世紀所謂的「人權」之上。從「合群倫理」的觀點看，耶穌認為安息日是為人而設之說錯得離譜[3]。正相反，人才是為安息日而設，所以必須犧牲遺傳得來的獨特癖性，努力向集體活動組織者眼中的理想人物看齊。「理想人物」的特點是表現出「動態性的從眾」（好妙的構詞！），對群體強烈忠誠，不遺餘力追求臣服與歸屬於集體。「理想人物」必然擁有一個「理想妻子」：她酷愛社交，具有超強適應能力，不僅接受丈夫以「公司」為最高忠誠對象的事實，其本人也表現出同樣積極的忠誠。就像密爾頓（Milton）[4]談到亞當、夏娃時所說的：「他只是為上帝而生，而她只是為他心裡的上帝而生。」在一個重要方面，「理想人物」或「組織人」的妻子比我們「第一母親」[5]的處境要不堪得多。因為上帝至少允許亞當、夏娃在「男女之事」上可以縱情享樂：

想也知道，
上帝既不會要求亞當冷落美麗的配偶，
也不會要求夏娃拒絕神祕的交歡之禮。

最近登於《哈佛商業評論雜誌》的一篇文章才指出，一個男人若想活出「合群倫

3 見註釋20。
4 密爾頓：十七世紀英國大詩人，最著名作品為長詩《失落園》。
5 指夏娃。

理」的理想，那他太太「必然不能占去丈夫太多時間與關注。因為他需要一心一意專注於工作，所以連房事亦只好降至第二位。」我們知道，僧侶出家時必須誓守貧窮、順服和貞潔。「組織人」被容許富有，但仍然得誓守順服（「他毫無怨言地接受命令，唯上級之命是從。」——《墨索里尼永遠是對的》），也必須隨時準備好為幫公司爭取更大榮耀而放棄男女歡愛。

值得一提的是，《一九八四》裡，黨員們被迫遵守一種比清教徒規範還要嚴厲的性倫理。反觀在《美麗新世界》，所有人都可以無拘無束縱容於男歡女愛。會有這種分別，原因之一是歐威爾筆下的社會恆常處於戰爭狀態。透過對性欲發起聖戰，政治大老闆們不但可以讓追隨者維持從事戰爭所必需的生理張力，還可以讓自己的權力欲獲得最稱心如意的滿足。《美麗新世界》裡的社會則是一個不再有戰爭的世界國，所以統治者的首要之務是不惜一切代價防止人民製造麻煩。他們的方法之一是容許高度的性自由（這是透過廢除家庭制度而成為可能），由此有效地保證了美麗新世界人不會被任何破壞性（或創造性）的激烈情緒所擾。在《一九八四》，權力欲是透過施加痛楚而獲得滿足，而在《美麗新世界》則是透過施加快樂（這種快樂對人的羞辱程度不遑多讓）。

很明顯，當前流行的「合群倫理」只是在為組織臃腫現象的弊害塗脂抹粉。它是一種可憐兮兮的努力，硬要把苦差說成美差。它是一種非常脫離現實也因此非常危險的道德體系。社會整體並不是蜂巢或蟻丘意義下的有機體。它只是一種組織，只是社會機器的一個部分。除非是跟生命及意識關連起來，否則它本身毫無價值可言。一個組織既非意識亦非活物，其價值只是一種工具性和衍生性價值。它不自具善，唯有在能促進個體幸福的情形下方能稱為善。任由組織凌駕於個人等於是讓目的臣服於手段，而此舉會帶來何種後果早已由希特勒和史達林清楚顯示過。透過結合暴力與宣傳、結合系統性恐怖手段和系統性心靈操弄，他們讓目的（個人）臣服於手段（組織）之下。未來的獨裁政權因為更有效率，其暴力程度十之八九會遠低於希特勒和史達林。屆時將會有一大隊受過高度訓練的社會工程師（social engineer）對人民進行無痛統制。這種科學的一位熱情鼓吹者指出過：「社會工程今日面臨的挑戰類似於科技工程五十年前面臨的挑戰。如果說二十世紀上半葉是科技工程師的時代，那它的下半葉大有可能是社會工程師的時代。」如果此說成真，那我猜測二十一世紀將會是世界大都督、科學性階級系統和「美麗新世界」的世紀。對於**監督者要由誰來監督**？的問題[6]，對於「社會工程師要由誰來施以社

6「監督者要由誰來監督？」為古羅馬諷刺詩人尤維納利斯（Juvenal）的名言。

會工程」的問題，答案顯然是：他們不需要任何監督。好些社會學博士都有一種感人信念：社會學博士永遠不會被權力腐化。就像加拉哈德爵士（Sir Galahad）[7]一樣，他們因為心地純潔而意志力超群——而他們會心地純潔則因為他們是科學家，從事過六千小時的社會研究。

只可惜，有更高學位並不必然保證人有更高的美德，或有更高的政治智慧。我們除了必須擔心他們的倫理和心理素質，還必須擔心他們的科學夠不夠「純」。我們可以放心接受他們社會工程實踐（即他們擺布人類之舉）所賴以奠基的理論嗎？茲舉一個例子。梅奧教授（Elton Mayo）斬釘截鐵說過：「人總是渴望持續與許多其他人一起工作。這是一個強烈的人類特徵，近乎是最強烈的一個。」但在我看來，這主張明明白白是不確的。有些人固然有著梅奧所描述的渴望，但另一些人卻沒有。這牽涉到個人的性情氣質和遺傳特質。如果任何社會組織的設計是假設著人總是渴望持續與許多其他人一起工作，那它對許多男男女女來說將會成為一張「普克拉提斯之床」（bed of Procrustes）[8]。因為為了讓他們適應，必然會對他們施以截短或拉長身體的手術。

另外，現今許多社會關係理論家對中世紀的神往又是何其浪漫，何其誤導！「一旦成為了行會、莊園或村莊一員，一個中世紀人就會受到終身保護，得享平靜安詳。」對於這種講法，我們也許可以問：保護他免於什麼？顯然不是讓他可免於上級人士的霸凌。至於「平靜安詳」云云，更是天大笑話。中世紀是一個充滿慢性挫折感和尖銳不快樂的時代：嚴格的階層系統讓許多人無法在社會梯子垂直移動，又有許多人因為被土地綁住，沒有多少水平移動的空間。人口過剩和組織臃腫這兩股非人格力量，加上那些想要導引這兩股力量的社會工程師，正把我們推向一種新的中世紀體系。在未來世界，因為有種種怡人設計（條件反射設定、睡眠學習法和快樂藥物），中世紀體系的復興一定會比現在更能讓人接受，但不管如何，對身處其中的大多數男男女女而言，那仍然是一種奴役。

7 亞瑟王傳奇中的人物，圓桌武士一員。他因為心地純潔和意志力超群而終於尋得聖杯。

8 見註釋32。

第四章　民主社會裡的宣傳

傑佛遜說過：「歐洲那一套認為，除非有獨立於個人意志的權威行使實體力量和道德力量，否則群體成員不會願意接受秩序和正義的約束……但我們（美國民主體制的創建者）卻相信，人是理性動物，由上天賦予種種權利，生而具有正義感，光靠一批握有適中權力者的存在（這批人是他自己選擇並依賴他的意志行使職權）便足以保護他的權利，並足以拘束他不行惡。」聽在後佛洛伊德主義者（post-Freudian）耳裡，這類語言一定古趣和天真得可愛。人類要比十八世紀樂觀主義者所以為的非理性和沒正義感得多。另一方面，人類又不如二十世紀悲觀主義者所以為的那麼理盲或缺乏道德感。雖然有「本我」（id）[1]和潛意識作祟，也不管精神官能症和低智商現象有多麼普遍，大部分

1 佛洛伊德把人的「我」分為「本我」、「自我」和「超我」三大部分，「本我」是較原始的動物本能部分。

男女都有足夠的自尊和理智，足以勝任自己命運的決定者。

民主制度是為了協調社會秩序與個人自由而設，也是為了讓國家統治者的權力受結至於終極權力（人民的權力）而設。揆諸民主制度在西歐和美國運作得不算太差的事實，足以證明十八世紀樂觀主義者的看法並沒有全錯。若是給予有利條件，人類是有可能自我統治的，而且會統治得不錯——雖然就統治的機械性效率來說大概會不如「獨立於個人意志的權威」。但我要重申「若是給予有利條件」一語，因為「有利條件」是民主制度不可或缺的前提。當一個歷經漫長獨裁統治的國家是一夜變天，得要突然面對完全不熟悉的民主經驗的話，這國家就不算是擁有可讓民主制度運作的良好條件。另外，經濟岌岌可危的國家也不具備讓人民可以自我統治的良好條件。自由主義只會在經濟繁榮的地方發皇，又必然會隨經濟的衰頹而衰頹，因為經濟衰頹必然會迫使政府更頻繁和更大程度干涉人民事務。我已經指出過，人口過剩和組織臃腫兩者都會讓一個國家失去可讓民主制度有效運作的良好條件。所以說，傑佛遜口中那些生而具有正義感的理性動物要能發揮理性和依正義而行，是需要各種歷史、經濟、人口和科技的條件為前提。我們西方人極其幸運，因為那些讓我們得以進行自我統治大實驗的良好條件極其難得。不幸的是，當我們環目四顧，會發現這些無限珍貴的條件已一點一滴從我們手上溜走。

但這當然不是故事的全部，因為那兩股盲目和非人格力量並不是個人自由和民主制度的唯一敵人。還有另一些力量（它們的性質較不抽象）是那些尋求權力和部分或全部宰制其他人類的野心家可資運用，而他們也正在千方百計利用。五十年前，當我還是孩子之時，「不美好舊日」（bad old days）怎麼看都已成過去——酷刑、屠殺、奴隸制、迫害異端看來皆已成為過去式，不可能復返。你很難想像西方人（他們現在戴長禮帽、坐火車旅行和每日洗澡）會再幹得出同類恐怖暴行。時序畢竟已進入了二十世紀。但不出幾年，同一批戴長禮帽、上教堂和每天洗澡的人卻犯下了規模超出蒙昧非洲人和亞洲人所能想像的凶殘。有了這面歷史鏡子，再相信同類事情不會重演便是愚不可及——它們不只可能重演，還一定會重演。不過倒是有若干理由可以叫人相信，在不久的將來，見於《一九八四》裡的懲罰手段將會被《美麗新世界》的強化動機和操弄方法取代。

宣傳有兩大類：一類是理性宣傳，其所追求的是讓宣傳者與受宣傳者的正當自我利益（enlighted self-intersest）符合一致；另一類是非理性宣傳，它並不符合任何人的正當自我利益，而是由激情授意，致力打動的也是激情。個人行為有時會是出於比正當自我利益更崇高的動機，但就群體行為（政治和經濟領域的行為）而論，正當自我利益十之八九已是最有效的動機。如若政治人物及其支持者總是致力於提升自己與國家的長遠自我利益，那這世界將不啻是人間天堂。問題是，他們常常會為滿足自己最不值得讚揚的七情六欲而違背自己的利益，也是因為如此世界才會成了一片悲慘之地。鼓吹符合正當自我利益的宣傳會致力於打動人的理性，靠的邏輯論證和盡可能充分的證據。反觀那些不是由自我利益而是由本能衝動授意的宣傳，則會提供假的、斷章取義的或片面的證據，會迴避邏輯論證，會企圖反覆透過喊口號蠱惑人心，會凶猛譴責國外或國內的代罪羔羊，會狡猾地把最低等的激情和最高級的理想硬拉在一塊（所以我們才會看到最凶殘的暴行假上帝之名而行，看到最不講原則的「現實政治」被說成攸關宗教原則和愛國義務）。

杜威嘗言：「振興對共通人性的信仰，振興對人性整體潛力的信仰，振興對人有呼應理性與真理卓越能力的信仰，乃是防堵極權主義更牢靠的堤壩——比炫耀物質成功和如癡如醉崇拜某種法律或政治體制要有效得多。」呼應理性與真理的能力存在於我們所有人身上。不幸的是，呼應非理性和謬誤的趨向一樣存在於我們所有人身上——當謬誤可以引起快感，或非理性可以刺激起我們的原始獸性時，情況尤其如此。在某些活動領域，人業已養成呼應理性與真理的習慣。例如，學術文章的作者不會試圖打動學術同儕的激情。相反地，在提出某種見解時，他們會竭盡所能用理性來解釋觀察到的事實，用可打動其他人理性的論證來支持自己的觀點。這種事在物理科學和技術的領域相當普遍。但同樣情形在政治、宗教和倫理學的領域卻難發生得多。在這些領域，事實經常會迴避我們。再來還有該怎樣解釋事實的問題：因為一件事實意義何在，要端視乎你選擇用來詮釋它的是什麼樣的觀念系統。這些還不是理性的真理尋覓者所面對的唯一困難。不管在公共還是私人領域，我們經常碰到沒時間搜集相關事實或權衡它們輕重的窘境。於是我們被迫靠不充分的證據和比邏輯不可靠多的直覺下判斷。在這種情況下，即使我們擁有全世界最好的初衷，照樣無法做到絕對忠於真理和一貫理性。我們力所能及的只是在環境許可的最大範圍內忠實和理性，並盡可能對別人提供的有限真理和不完美推理做出最佳回應。

傑佛遜說過：「倘若一個國家指望自己可以既無知又自由，它就是在指望不曾發生過也永不會發生的事情……人民不可能在得不到資訊的情況下保持自由。凡是有出版自由之處，凡是人人皆識字之處，所有人都會是安全的。」在大西洋彼岸，有另一位理性的熱情信仰者在差不多同一時間談到同一個問題，措詞用字也幾乎一模一樣。以下是約翰·穆勒（John Mill）談及其父親（功利主義哲學家）詹姆斯·穆勒時之所言：「他是那麼完全信賴理性對人類心靈的影響力，所以他認為，只要理性可以夠得著所有人，只要所有人都識字，只要所有意見都被容許以口頭或書面的方式表達，只要所有人都可能憑著投票讓他們支持的意見透過立法實現，則所有人都會受益。」**所有人都會是安全！所有人都會受益！**在這裡，我們再一次聽到十八世紀樂觀主義的弦音。但傑佛遜除了是個樂觀主義者，還是個現實主義者。他從自己的苦澀切身經驗得知，出版自由有時會被可恥地濫用。他一度說過：「現在，報紙上所讀到的事情再無一可信。」儘管如此，他還是堅稱（我們只有同意他的份）：「只要留在真理的範圍內，報紙就是一種高貴的機構，也同時是科學和國民自由之友。」簡言之，大眾傳播媒體本身既非善亦非惡。它只是一股力量，而且就像任何力量一樣，既可被用於善，也可被用於惡。如果使用得宜，報紙、廣播和電影就會是維護民主所不可或缺；如果使用得不宜，它們就會是獨裁者武器庫裡最威力強大的武器。在大眾傳播的領域一如在其他企業的領域，科技進步已經傷害了小商人而幫助了大商人。不過才五十年前，每一個民主國家都可以因為擁有一大批小型雜誌和地方性報章而自詡。其時，數以千計的鄉村報紙主編發表著數以千計的獨立意見，而幾乎任何有話想說的人都可以找到發表園地。今日，出版在法律上仍是自由的，但大部分小報業已消失。紙漿、現代印刷機和授權新聞稿件的高昂價格都不是小報所能負荷。在極權的東方，審查制度是由政治力執行，而媒體都是由國家控制，而在民主的西方，審查制度則是由經濟力執行，媒體是由少數的「權力菁英」壟斷。提高經營成本來遂行審查和讓大眾媒體集中在少數大財閥之手固然不及國家擁有和政府宣傳那般引人詬病，但這種事情仍斷然不會是佛傑遜派民主主義者會嘉許。

有關宣傳，消除文盲和出版自由的早期鼓吹之士只想到兩種可能：宣傳內容要麼為真，要麼為偽。他們未能預見得到，世界（特別是我們的資本主義民主社會）會發展出一種龐大的大眾媒體工業，其致力宣傳的既不是真也不是偽，而是一種幾乎與真偽完全無關的東西。簡言之，他們未料到的是人對娛樂有著近乎無邊的胃納。

過去，大部人從未有機會充分滿足這種胃納。他們也許渴望娛樂，但現成的娛樂寥寥無幾。聖誕節一年才一次，其他節日也是「莊嚴而稀少」。那時既沒多少人識字，也沒多少讀物。與今日地方性電影院最接近的東西是堂區教堂：那裡常常有表演舉行，但內容頗為千篇一律。要找到與今日娛樂盛況有依稀相似的地方，我們必須回到帝國時代的羅馬。古羅馬的市民總是心情大好，因為有頻繁和免費的許多種娛樂活動可供參加：從詩劇到格鬥士格鬥，從維吉爾（Virgil）[2]詩歌朗誦會到毫不留情的拳擊賽，從音樂會

2 古羅馬大詩人。

到軍事檢閱到公開處決人犯，應有盡有。但就連古羅馬照樣難望今日的項背：由報章雜誌、廣播、電影、電視提供的娛樂是沒完沒了的。「美麗新世界」裡的娛樂也是不停歇的，且極盡眩目之能事（觸感電影、爽歪歪狂歡會和離心蹦蹦球）——它們都是些政策工具，是為防止人們關注社會與政治現實而蓄意發展出來。宗教所說的「他世間」和娛樂裡的「他世間」固然不同，但它們卻有一個相似之處：斷然地「不在此世間」。兩者都是分心活動，都可以（太持續投入的話）成為馬克思所說的「人民的鴉片」，也都足以構成對自由的威脅。只有保持警醒的人可以維持他們的自由，也只有那些恆常「身在此間」的人可望透過民主程序有效地自我管治。當一個社會大部分成員大多數時間都不是身在此間（此時此地和可籌畫的未來），老是活在他處，老是泡在體育運動和肥皂劇的他世間，那這個社會就會難於抵抗那些一心想操弄它和控制它的人的蠶食。

今日的獨裁者在進行宣傳時靠的主要是重複、查禁和合理化：重複一些他們希望被當成真理的口號，查禁一些他們不欲人知的事實，鼓動和合理化一些可以促進黨或國家利益的激情。隨著操弄心靈的藝術與科學愈益發達，未來的獨裁者無疑一定會知所把這些技術結合於不停歇的娛樂——事實上，在今日的西方，種種娛樂正以排山倒海之勢吞噬著維護個人自由和民主制度所不可或缺的理性宣傳。

第五章　獨裁政權下的政治宣傳

希特勒的軍備部長施佩爾（Albert Speer）戰後在軍事法庭受審時，發表了一篇長篇演說，異常精細地分析了納粹暴政所使用的方法。「希特勒的獨裁政權與過去歷史的所有獨裁政權有一根本不同。它是第一個出現現代科技發展階段的獨裁政權，也充分使用了各種技術方法對自己的國家遂行宰制。透過收音機與擴音器等技術設施，八千萬人被奪去獨立思考的能力。這就使得他們可能服從於一人的意志之下……以前的獨裁者總需要（哪怕在最低層次的事務上）高素質的助手襄助，即需要有獨立思考和行動能力的人襄助。處於現代科技發展階段的極權政體卻用不著這類人：拜現代傳播方法之賜，低階幹部一樣可以被化為機器。結果就是出現了一批會盲目接受命令的新類型人物。」

在我虛構的「美麗新世界」裡，科技進步的程度要遠勝於希特勒的時代，也因此，其低階幹部在接受命令時比他們的納粹同儕還要盲目，也更順服於發號司令的菁英階級。另外，因為接受過基因標準化程序和後天的條件反射設定，他們的行為也幾乎像機器一樣穩定。正如下一章會談到的，對低階幹部進行條件反射設定的作業已在共產主義一黨專政的國家開始實施。中國人和俄國人不只依賴先進技術的間接效果，還直接對他們低階幹部的身心有機體進行改造，讓這些人的身體與心靈受制於無情但高度有效率的條件制約。施佩爾又指出：「許多人一直為一個夢魘困擾，擔心世上的國家有朝一日會為技術手段所宰制。這夢魘在希特勒的極權主義系統裡幾乎實現。」只是幾乎，因為納粹來不及對它的低階幹部進行洗腦和條件制約（除了「來不及」，大概還是因為沒有這種聰明和欠缺必要的知識）。這也許就是納粹會敗亡的原因之一。

自希特勒之日起，可供未來獨裁者使用的宣傳技術已大大增加。今日，除收音機、擴音器、影片和輪轉式印刷機外，當代的宣傳家還可以用電視廣播客戶的影像和聲音，或把影像和聲音錄在磁帶上。拜科技進步之賜，今日的「老大哥」[1]幾乎已能像上帝般無所不在。這還不是讓未來獨裁者實力大增的唯一技術前沿。自希特勒之日起便一直有大量研究工作投入於應用心理學和神經病學——它們是宣傳家、思想灌輸專家和洗腦專家的專屬領域。早先，這些研究改變人類心靈方法的專家都是靠經驗。透過以試誤法反覆摸索，他們開發出許多非常有效的技術和程序，但卻只知其然而不知其所以然。今日，控制心靈的藝術正邁向成為科學。其從事者除了知其然，還知道其所以然。他們的工作是以理論和假設引導，而這些理論和假設又是以大量經驗證據為基礎建立起來。拜這些新洞察和由此產生的新技術之賜，那個「在希特勒極權主義系統裡幾乎實現」的夢魘也許很快便會完全實現。

但在討論這些新洞察和新技術前，讓我們先看看那個在納粹德國幾乎實現的夢魘。希特勒和戈培爾是用什麼方法「奪去八千萬人的獨立思考能力」和置他們於一人的意志之下的呢？這些恐怖而成功的方法所奠基的又是什麼樣的人性理論？這兩個問題很大一部分可以藉希特勒自己的話回答。這些話又是何等的清晰和銳利！談到「人種」、「歷史」、「神旨」這些抽象的大範疇時，希特勒的文筆簡直不堪卒讀。但當他談到德國大眾和宰制他們的方法時，文風卻為之丕變：鬼扯蛋會被頭頭是道取代，口水噴湧也會被無情和冷酷的清通取代。在發表哲學見解時，希特勒要不是把頭埋在雲裡做白日夢就是重彈別人半生不熟的概念，但在談及群眾和宣傳時，他憑藉的卻是第一手的切身經驗。用他最出色傳記作者布洛克（Alan Bullock）的話來說，希特勒「是歷史上最了不起的煽

1《一九八四》裡的獨裁者。

動家」。有些人抓住這話，補充一句：「不過就是個煽動家吧了！」但這些人乃是對大眾政治年代的政治權力本質有所未見。誠如希特勒自己說過：「當個領導者意謂有本領鼓動群眾。」他的目標首先是鼓動群眾，然後是把他們從傳統的忠誠對象和傳統的道德規範撬鬆，再套入一種他本人設計的極權主義新秩序。勞施寧（Hermann Rauschning）在一九三九年寫道：「希特勒極敬重天主教會和耶穌會，但不是敬重他們的基督教教義，而是敬重他們精心打造的『機制』、他們的層級系統、他們極端聰明的戰術、他們對人性的知識和他們對人性弱點的聰明利用——凡此都讓他們牢牢統治著信徒。」建立沒有基督教的教會主義，建立修道院般的清規戒律（但不是為了上帝之故或個人救贖之故，而是為了國家之故和讓領袖得更大榮耀及權力之故）——這就是系統性鼓動群眾的目標所在。

讓我們看看希特勒是怎樣看待被他鼓動的群眾和他是如何鼓動他們。他賴以做為出發點的第一原則是一個價值判斷：群眾是窩囊廢。他們沒能力思考抽象的東西，也對直接經驗以外的任何事實毫不感興趣。他們的行為不是發自知識與理性，而是發自情緒與不自覺的驅力（drive）。這些驅力與情緒乃「他們好惡之所由自」。想當個成功的宣傳家必須學會怎樣操弄這些本能和情緒。「在這地球上帶來過最激烈革命的驅動力從來不是什麼可讓群眾信服的科學知識體系，而總是一種可以激發他們熱情的獻身，也常是一種可以催促他們起而行動的歇斯底里。任何想要贏得群眾的人都必須懂得什麼鑰匙可以打開他們的心門。」——用後佛洛伊德主義的術語來說就是必須懂得如何打開群眾的潛意識。

希特勒最不遺餘力爭取的對象是中產階級的下層。這些人先是被一九二三年的通貨膨脹毀掉，然後又被一九二九年及後來年月的經濟蕭條再毀一次。他口中的「群眾」正是這數千萬迷惘、飽經挫折和充滿慢性焦慮的德國人。為了讓他們更群眾化，更加是高同質性的次人，希特勒把他們成千上萬地集合到禮堂和運動場，讓他們的個體性甚至基本人性銷融在人群裡。一個人有兩種方式可以與社會發生直接接觸：一是做為家族群體或職業群體或宗教群體的一員，另一是做為群眾的一員。「群體」（group）是有可能表現得如同組成它的個人一般睿智和有德，但「群眾」總是一盤散沙、漫無目標，缺乏睿智行動和貼合實際地思考的能力。被集合為群眾之後，人會失去理性思考和道德抉擇的能力。他們可被催眠至失去任何判斷力和意志力的程度。他們會變得極容易亢奮，失去個體或集體責任感，動輒會被暴怒、狂熱和恐慌所感染。換言之，他們的行為會像是吞下了大劑量的致醉品。我把這種情形稱為「群體中毒」（herd-poisoning）。就像酒精一樣，「群體毒」（herd-poison）能讓人變得好動而頭腦混亂，效果立竿見影。被群眾「灌醉」的人會不知責任、睿智和道德為何物，墮入一種動物般的狂熱和思考智障狀態。

在其漫長的煽動家生涯裡，希特勒好好研究過「群體毒」的效果，知道如何才能讓它為己所用。他發現演講比寫作更有效於打動人們內心的「隱密力量」（那些可以促使人們行動的原動力）。閱讀是一己之事，不是集體性活動。作家只會對獨自坐著和頭腦清醒的人說話。但演講者面對的卻是一大群早已中了「群體毒」的個人。只要演講者是個行家裡手，聽眾就會任其宰割，做出他想要他們做的任何。做為演說家，希特勒是本行當的行家裡手。用他自己的話來說，他有本領「追隨群眾本身的提示，從聽眾表現的即時情緒得到提詞，再反過說出一番直說到他們心坎裡的話」。施特拉塞爾（Otto Strasser）把希特勒形容為一個「擴音器」，因為他「大聲說出了人們最祕密的渴望、最不為人知的本能衝動、一整個國家的人的難言之痛和反叛心理」。早在麥迪遜大道[2]開始從事「動機研究」（Motivational Research）的二十年之前，希特勒便已系統性地探索過和剝削過德國群眾的潛意識恐懼、盼望、焦慮與挫折。廣告專家是透過操弄「隱密力量」誘得我們購買他們兜售的貨色（牙膏、某種牌子的香菸或某個公職候選人），同樣地，透過打動同一批隱密力量（和其他太危險以致麥迪遜大道不敢碰的力量），希特勒也誘得德國群眾買下一個「元首」（Fuehrer）、一種失心瘋哲學和第二次世界大戰。

與群眾不同，知識分子既懂得欣賞理性又對事實鍾情。他們挑毛病的習慣讓他們不會受那些對大多數人非常管用的政治宣傳蠱惑。反觀在群眾身上，「最高動力是本能衝動，而從本能衝動會生出信仰……一般人會出於本能而緊密團結（這當然是指有領袖鼓吹的情況下），組成一個全民的共同體，反觀知識分子卻會像養雞場裡的母雞那樣，東一隻、西一隻。你不能靠他們締造歷史，他們無法成為一個共同體的組成元素」。知識分子是凡事看證據的人，會對邏輯不一致和謬誤感到震驚。他們把過度簡化視為心靈的原罪，又不會甩口號、無根之論和撲天蓋地的概括（這些全是政治宣傳家的行貨）。「任何宣傳想要有效，」希特勒寫道，「便必須只主打少數幾個必要論點，而且必須是以少數刻板化的公式來表達。」還有必要把這些少數刻板化的公式不斷反覆重申，因為「只有不斷反覆重申可以把一種主張銘刻在群眾的記憶裡」。哲學教我們對看似自明（self-evident）的事情持保留態度，政治宣傳則反之，教我們對有理由持保留或懷疑之事情看成自明。煽動家的目的是創造一種由他領導的社會黏合性，而誠如羅素指出：

2 麥迪遜大道：紐約的麥迪遜大道因廣告公司雲集而成了美國廣告業的代稱。

「缺乏經驗基礎的教條體系（如經院主義、馬克思主義和法西斯主義）的一大優勢是可以在他們的信徒身上創造大量的黏合性。」所以，煽動家必須始終保持教條性。他的所有語句都是無條件適用。他的世界觀裡不會有灰色地帶，每件事情不是黑得像地獄便是白得像天國。用希特勒的話來說，宣傳家應該「對他處理的每個問題都持一種系統性的偏頗態度」。他絕不能承認自己也許會有錯，甚至絕不能承認持不同意見者也許有幾分道理。對於持敵論者，不應該與之辯論，而是應該攻擊之、取締之，甚至（在他們變得太討人厭時）消滅之。有道德潔癖的知識分子看到這種事也許會大吃一驚，但群眾卻不會，因為他們一貫深信：「對的人總是主動發起攻擊的一方。」

這就是希特勒對群眾的人性的看法。那是一種評價極低的看法。但它是否也是錯的呢？從一棵樹所結的果子可得知樹的品質，而既然希特勒的人性理論可帶來一些有效得可怕的控制技術，那這理論必然至少含有一點真理成分。但「德」與「智」只會見於自願組織為小群體的個人。「罪」與「愚」也是如此。煽動家為遂其自身目的而把他的受害者導入思考智障和道德智障狀態，但這兩種狀態並不是做為個體的男男女女的特徵，而是做為群眾的男男女女的特徵。思考智障和道德智障皆不是典型的人類特徵，只是中了「集體毒」的症候。在世界各大宗教裡，救贖和開悟都是為個人而設。天國是存在於個人心裡，不是存在於群眾的集體智障中。基督固然承諾過哪裡有兩三個人奉他的名聚會，他就會現身[3]，卻沒承諾過他會在數以千計以「群體毒」互相灌醉的群眾中現身。在納粹當權之時，常有大量人被迫花大量時間列隊從甲地點遊行至乙地點再折返。勞施寧指出：「這樣支使一大群人遊行來遊行去看似毫無意義，純屬浪費時間和精力。要直到很後來，它才顯示出自己是一種精心設計，是目的和手段的完美配合。遊行可讓人心無旁鶩。遊行可殺死思考。遊行可終結個體性。遊行是不可或缺的戲法，可讓人習慣於機械性、準儀式性活動，終至把習慣內化為第二天性。」

從他自己的著眼點，從他選擇要做的恐怖事業的層次觀之，希特勒對人性的評估完全正確。但在把男男女女視為個體而不是群眾一員的我們看來，他卻大錯特錯。在一個人口過剩加速化、組織臃腫加速化和大眾傳播媒體愈來愈有效率的時代，我們要怎樣才能保存個體的整全性和重新確立其價值？現在問這個問題猶未為晚，也大概可以找到有效答案。要是再過上一代人，等整個世界都被讓人透不過氣的集體氣候所籠罩，想要找

3 見《新約．馬太福音》20:18：「因為無論在哪裡，有兩三個人奉我的名聚會，那裡就有我在他們中間。」

到答案便恐怕是不可能的——甚至連問這個問題都恐怕不可能。

第六章　推銷的藝術

民主的維繫端有賴大部分人民能獲得足夠的資訊，並有能力根據這些資訊做出切合實際的選擇。反觀獨裁政權則是透過審查和扭曲事實來維持，其宣傳所致力打動的不是理性，不是正當的自我利益，而是激情與偏見，是存在於每個人類心靈潛意識深處的「隱密力量」（希特勒的用語）。

在西方，民主原則受到大力宣揚，而許多能幹和有良知的政論家也克盡己職為選民提供足夠資訊，並透過理性論證呼籲選民根據已有資訊做出切合實際的選擇。這對全體福祉有莫大裨益。不幸的是，宣傳在西方民主國家（美國尤然）表現為兩張臉孔和一個分裂人格。負責社論版的主編通常都是個熱愛民主的傑基爾博士（Dr. Jekyll）[1]，換

1 傑基爾博士：十九世紀英國作家史蒂文森小說《化身博士》的主角，平常是個溫文儒雅的紳士，但喝了自己發明的藥水後卻會化身為邪惡的海德先生，四處作惡。

言之，做為宣傳家，他非常樂意證明杜威人有呼應真理和理性能力之說。但這麼一位高貴人士只控制了大眾傳播機制的一部分。因為，負責廣告行銷的往往是個反理性（又因此而反民主）的海德先生（Mr. Hyde）。不，應該稱之為海德博士才對，因為他如今除了是社會科學碩士以外，還取得了心理學博士學位。如果每個人都活出杜威對人性的信念，那這位海德博士將會非常不愉快：真理和理性只關傑基爾博士的事，不關他的事。海德是位動機分析家（motivation analyst），職務是研究的是人性弱點，是挖掘人的潛意識渴望與恐懼（它們很大程度可以決定人在意識層面的思考和行為）。他做這些可不是出於道德家的精神（即不是想改善人性），也不是出於醫生的精神（即不是想改善人的健康），而純粹是想找出最佳方法去利用人的無知和剝削他們的非理性，好為業主謀求金錢利益。你可不能怪他，因為有道是「資本主義已死，消費主義稱王」，而消費主義總需要精通各種說服藝術的專家為其服務。在自由企業制度下，各式各樣的商業宣傳花招是絕對不可少的。但不可少的東西卻未必是好東西。在經濟領域被證明為好的東西，對做為選民甚或只是做為「人」的千千萬萬男女來說也許一點都不好。早前一代人（更講道德的一代）若是讀到動機分析家厚顏無恥的著作，大概會深感震驚。但當我們今天讀到一本帕卡德（Vance Packard）的《看不見的說客》（*The Hidden Persuader*）[2]之類的書，反應更可能是莞爾而不是驚恐，是認命而不是憤怒。既然已經出現過佛洛伊德，出現過行為主義，又既然大量生產者孔需消費者的長期大量消費，那會出現這類著作可說是意料中事。但我們仍然有權一問：應該任其長此以往下去嗎？海德的活動與傑基爾的活動長遠來說是相容的嗎？推展理性的運動在另一個更強勁的運動（即推展非理性的運動）的虎視眈眈下，有可能成功嗎？我目前不打算回答這些問題，但會把它們留作背景，以討論科技先進民主社會裡大眾遊說方法的問題。

與在一個已確立或形成中的獨裁政權進行政治宣傳相比，在民主社會進行商業宣傳有其較容易之處，也有其較困難之處。會比較容易，是因為幾乎所有人從一開始便對啤酒、香菸和冰箱之類的商品有需求，但卻幾乎不會有人從一開始就對暴君有需求。會比較困難，是因為商業宣傳家（基於遊戲規則）並不被容許去喚起消費大眾較獸性的本能。例如，推銷乳品的廣告業者當然巴不得告訴消費者，他們的一切煩惱皆是源自一票無神論外國人造牛油廠商的陰謀，所以有愛國義務起而抗議，燒掉外國人的工廠。問題是這一類策略不被允許，必須改採較溫和的方法。但溫和的方法遠不如訴諸語言暴力和

2《看不見的說客》：行銷術上的經典之作，教人如何在不動聲色的情況下盡情利用人性弱點打動消費者。

身體暴力的方法那麼激動人心。憤怒和仇恨長遠來說固然是會弄巧成拙的情緒，但短期來說卻可帶給人心理甚至生理的滿足感（因為它們可讓人釋放出大量腎上腺素和副腎上腺素）。人們一開始也許會不喜歡暴君，但當一個暴君或準暴君弄出一個假想敵（最理想的「假想敵」是那些好欺負的人），又用有釋放腎上腺素效果的宣傳把這個假想敵說得邪惡萬分之時，大家就會準備好狂熱追隨。這就是希特勒何以要在反覆提到「恨」、「力量」、「無情」、「砸爛」、「碾碎」這些字眼，又用更暴力的動作姿勢來配合他的暴力語言。他會高呼，會尖叫，血管會膨脹，會臉色紫漲。就像每個演員和戲劇家都知道的，強烈情緒有著最高的感染力。受不安好心的演講者所煽動，聽眾會呻吟，會啜泣，會尖叫，迸發出各種不受抑制的激情。這些情緒發洩極為痛快，讓大部分體驗過它們的人都殷殷期盼再體驗一遍。我們大部分人都嚮往和平自由，卻少有人對可以締造和平自由的思想、感情、行為有太多熱忱。反過來的，雖然幾乎沒有人喜歡戰爭或暴政，卻有極多人對可造就戰爭與暴君的思想、感情和行為產生強烈快感。這些思想、感情和行為太危險了，不是商業宣傳所敢於剝削。既然受到這種制掣，廣告人只好竭盡所能喚起較不毒性的情緒和較不顯眼的非理性衝動。

理性宣傳只有在一種情況下可能成功：涉及的所有人全都對象徵符號的本質和它

們跟被象徵物事的關係有清楚理解。理性宣傳則相反，其效力有賴於讓消費者不明白象徵符號的本質。頭腦簡單的人很容易會在象徵符號與被象徵物事之間畫上等號，把宣傳家精心挑選的字眼當成商品本身的屬性。茲舉一個簡單例子。大部分化妝品都是以羊毛脂為原料。羊毛脂是一種乳狀混合物，由毛脂提純後加水打成。這種乳狀混合物有許多優點：它可以滲透皮膚，它不會腐臭，具有溫和殺菌效果等。但商業宣傳家會絕口不提羊毛脂這些真正優點。代之以，他們會給產品取個悅耳動聽的名字，然後大談何謂女性美，再配以金髮美女用化妝品滋潤皮膚組織的畫面。一位業內人士指出：「化妝品製造業者賣的不是羊毛脂，而是希望。」正是為了得到這個希望，為了得到那個未明言的假承諾（使用者會經由產品脫胎換骨），女士才會願意花比羊毛脂成本高一、二十倍的錢，購買商品。精通此道的宣傳家極其聰明，懂得用誤人視聽的象徵符號去喚起幾乎普天下女性共有的深深渴望：變得對異性更有吸引力的渴望。這類宣傳的潛規則極其簡單：找出某種共通嚮往、某種泛見的潛意識焦慮和恐懼，然後用文字性或圖像性象徵符號搭起一條橋，讓消費者可以從事實走向一個有補償作用的夢境，再從夢境走向一個幻象：以為一旦購買了商品，夢便會成真。「我們買的不再是橙，而是活力。我們買的不再只是汽車，還是身分地位。」其餘所有商品莫不如此。例如，買牙膏的時候，我們不只是買一種清潔和殺菌用品，還是買一種心安（免於被異性厭惡的心安）。買伏特加和威士忌的時候，我們不是買一種喝小量即足以讓神經系統麻木的原漿毒素，而是在購買友誼、戴爾酒店的溫暖和美人魚酒吧的輝煌[3]。我們購買通便劑是為了得到一位希臘神祇的健美，得到一位水仙女的光澤。我們按著每月暢銷書排行榜買書，好讓我們文化水平較低的鄰居嫉妒，好得到博學朋友的敬重。無論哪一種情況，動機分析師都總找得到一些根深蒂固的渴盼和恐懼：這些能量足以驅使消費者願意跟自己的鈔票說拜拜，又會在間接中推動了工業的巨輪。這些潛在能量儲存在無數個人的心靈和身體裡，唯有靠精心鋪排的象徵符號（鋪排得足以繞過理性和模糊掉真正的議題）方能導引和釋放出來。

有時，象徵符號是因為其本身眩目和迷人得不像話而產生效果。宗教儀式和豪華典禮便是個中例子。這些「神聖之美」既可強化已信者的信仰，又可讓未信者幡然皈依。不過，有審美上的吸引力是一回事，這些儀式典禮與其象徵的事物只具有相當武斷的關係，所以不能做為一套宗教教義真理性和倫理價值的保證。還必須考量一個明明白白的歷史事實：神聖之美經常會被不神聖之美趕上，甚至趕超。例如，在希特勒治下的德國，每年一度的紐倫堡集會堪稱是儀式與戲劇的傑作。英國的駐納粹德國大使亨德爾森（Sir Nevile Henderson）回憶說：「我在戰前的聖彼得堡觀賞了六年處於黃金時代的舊式俄國芭蕾，但論壯闊之美，我從未看過任何可媲美紐倫堡集會的芭蕾。」這讓人想到詩人濟慈（Keats）之言：「美即真，真即美。」唉，只可惜，真美兩者的同一只存在於某種終極的、超塵絕俗的層次，而在政治與神學的層次，「美」只會跟鬼扯蛋和暴政完全相容。這真是幸事，因為倘若「美」跟鬼扯蛋和暴政完全不相容，那這世界的藝術傑作將會少得可憐。這是因為，繪畫、雕塑和建築中的傑作大多是宗教宣傳和政治宣傳的產物，是為榮耀某位神祇、某個政府或某位大教士而設。但大部分國王和大教士都是獨夫，而所有宗教莫不充滿迷信。藝術天才一向以來都是暴政的奴僕，而藝術一向以來都是為某種個人崇拜塗脂抹粉。當然，隨著時間流轉，好的藝術總是可以跟壞的形上學分離開來。但我們是不是有可能不等時光流轉，而就在當下把「美」和「壞」分離開來呢？這是個值得深思的問題。

商業宣傳當然明白把象徵符號魅力弄大的好處。每個宣傳家都有自己的美術部門，專門負責不斷製作出引人注目的海報以美化廣告看板，不斷用生動的插圖或照片塞滿雜誌的廣告頁。但他們不會嘗試創作傑作：因為傑作只能打動有限的消費者，而商業宣傳

---

3 大概是戴爾酒店和美人魚酒吧曾出現在某種酒品的廣告。

家想要俘擄的是大多數人。對他來說，理想的美學水平是中等的水平。所以廣告作品都不會太美，但又會足夠惹人注目，而我們有理由預期，凡是喜歡上一件廣告作品的人大概也會喜歡上它代言的產品。。

另一種魅力大得不像話的象徵符號是廣告歌曲。廣告歌曲是一種新近的發明，但神學歌曲（讚美詩和詩篇）卻歷史悠久得不下於宗教本身，而軍歌或進行曲也是自人類有戰爭之始即已產生。愛國歌曲（國歌的前身）無疑也是歷史悠久，曾對新石器時代的採集狩獵小群體（透過強調「我群」和「他群」的分別）起過群體認同作用。對大部分人而言，音樂有著本具的吸引力。另外，旋律很容易便可深印在聆聽者的心靈：我們小時候聽過的一段曲子往往會縈迴一生。可資證明音樂威力的是這個現象：一段其貌不揚的陳述性文字或價值取向文字配上悅耳好記的旋律後馬上會煥發出魔力。尤有進者，每回響起同樣的旋律，我們總是馬上會自動記起歌詞。正因為這樣，才會有人想到要把奧菲斯（Orpheus）[4]請出來當巴甫洛夫[5]的盟友，換言之是藉音樂的威力來把條件反射大大強化。對商業宣傳家來說（一如對他在政治與宗教領域的同儕來說），音樂還有另一個好處：任何理性動物都會羞於寫出、說出或聽見一些鬼扯蛋，但同一個理性動物卻不會介意唱出（或聽見別人唱出）鬼扯蛋，還會因此而感受到快感（甚至因此被鬼扯蛋打動幾分）。我們有可能把聽或唱宣傳歌曲的快感和容易被歌詞內容蠱惑的太人性傾向分離開來嗎？這是另一個值得深思的問題。

過去許多年，拜強迫教育和輪轉式印報機之賜，宣傳家的訊息幾乎夠得著所有文明國家的所有成年人。而到了今日，拜收音機和電視之賜，宣傳家更快樂了，因為他的訊息甚至夠得著沒念過書的成年人和尚不識字的小孩。

顯而易見，小孩是最容易被宣傳感染的一群。他們不諳世務，也因此完全缺乏戒心。他們的批判官能還沒有培養出來。最小的小孩不知理性為何物，而較大的孩子則因為缺乏人生經驗而無法有效運用他們剛成形的理性思維。過去歐洲人喜歡戲稱入伍的新兵為「炮灰」，準此，他們的弟弟和妹妹如今堪稱「廣播灰」和「電視灰」。我們小時候學唱的是童謠（信教家庭小孩則是學唱讚美詩），但今天的小不點都是哼唱廣告歌曲。何者比較悅耳？是「『萊茵黃金』是我的啤酒，尚青」還是「兩隻老虎，兩隻老虎」？是「求主同住」還是「『白速得』刷幾刷，黃牙齒不見了」？只有天曉得！

---

4 奧菲斯：希臘神話人物，擁有超人音樂天賦，歌聲和琴音皆美妙絕倫。

5 參見註釋41。

一位主持多個少年節目的明星級主持人說過：「我不是說小孩子應該整天糾纏父母買東買西，但我又不能睜眼說瞎話，否認這種事不是天天上演。小孩都是會走路的錄音機：我們每天說什麼，他們就記下什麼。」假以時日，這些電視廣告的錄音機會長大，賺到錢和購買商品。「想想看，」這位叫米勒（Clyde Miller）的先生繼續興奮地說，「要是你能對一百萬或一千萬個小孩下足功夫，那你公司的獲利前景將會是何種光景！到他們長大成人，他們就會像訓練有素的士兵一樣，只要一聽到『開步～走！』，自會向前邁步。」對，真是應該想想看——因為光用想的就夠讓人倒胃！同時不可忘了，獨裁者和準獨裁者們打這如意算盤已經打了許多年，而一百萬、一千萬或一億個受到潛移默化的小孩行將長大，準備好購買向他們兜售的意識形態產品——屆時，他們將會像訓練有素的士兵那樣，以精準行動回應宣傳家深植在他們小時腦袋的觸發字。

自治程度總是與人口數成反比。一個地方選民愈多，每張選票的價值便愈小。如果你只是千萬選民之一，你會覺得自己無力和渺小。與此同時，那些當選的候選人會高高在上，坐在權力金字塔的頂端。理論上他們的人民的僕人，實際上卻是發號司令者，其號令是位於金字塔底部的人民必須服從。愈來愈多的人口和愈來愈先進的科技造就了更多和更複雜的組織，也讓更多權力集中在官員之手，與此同時，選民可發揮的控制力量則愈來愈小，而大眾對民主程序的尊重也愈來愈低。民主制度本已受到巨大非人格力量的削弱，至此更是得面對政客及其宣傳團隊的從內動搖。

人類可以有千百種不理性的表現，但如果假以良好條件，則所有人看來都能夠憑著夠多的證據做出理性選擇。民主要能運作，必須要涉及其中的所有人都竭盡所能地傳播知識和鼓勵理性。但如今，在世界最強大的民主國家，候選人及其宣傳團隊卻淨是對選民的無知和非理性下功夫，把民主程序弄成鬧劇一場。一九五六年一本頂尖商業雜誌的社論指出：「兩黨都是把它們的候選人和議題商品化，用的是商業界用來包裝和推銷商品的同一手法。這些手法包括用科學方法挑選訴求，以精心設計過的間歇不斷重複……收音機的廣告時段會以精心設計過的強度反覆重播一些句子。廣告看板充斥著業已被證明有吸引力的口號……候選人除了聲音渾厚和吐字清晰外，還必須能在電視鏡頭前面顯得貌似『真誠』……」

政治商品化販子只會針對選民的弱點下功夫，不會針對他們的潛在長處。他們不會企圖把大眾教育得適合於自治，只滿足於以操弄和剝削他們為務。為達這種目的，所有心理學和社會科學的資源都會被動員起來。選舉團隊第一步要做的是慎選選民樣本，予以「深度訪談」，以此找出該社會或選舉當時最瀰漫的潛意識恐懼與嚮往。然後，他們會設計出一些語句和影像來附和（甚至擴大）人們的潛意識恐懼，來滿足人們的潛意識嚮往（至少是口頭上的滿足）。再下來，競選運動便可交給大眾傳播人來接手，因為還差的只有競選經費和一個被調教得貌似「真誠」的候選人。在這種操作下，政見和政綱幾乎失去了大部分重要性。真正相干的只剩下候選人的個性和宣傳專家為他打造的形象。

不管是被包裝成陽剛十足的男子漢還是溫情脈脈的慈父形象，候選人都必須富於魅力。他還得具有表演家的天分，有本領不讓聽眾感到沉悶。因為習慣了電視和收音機的輕鬆內容，聽眾不喜歡被要求聚精會神和費勁思考。所以，候選人的所有發言都必須簡短俐落。談到任何當日的重大議題時，候選人必須盡快交代過去——五分鐘是極限，但更好是不超過六十秒（因為聽眾想聽的是比通貨膨脹或氫彈有趣得多的話題）。基於演講術的要求，政治人物和神職人士本來就有把複雜議題過簡化的傾向：只要是站在講台或祭壇上，則即便是最有良知的演講者都會發現環境不容許他說出全部真相。但現在把公職候選人包裝得像除臭劑的方法還要更進一步：它百分百保證了選民不會聽得見任何真相。

第七章　洗腦

我們不妨把前兩章談及的技術稱為大宗心靈操弄，它們曾為歷來最了不起的煽動家和最成功的銷售員所踐行。但沒有人類問題可以單靠「大宗」方法解決。散彈槍固然有用，但小針筒一樣自有用場。接下來幾章，我將會談談一些對操弄孤立個人最有效的技術。

在其就條件反射現象所做的劃時代實驗中，巴甫洛夫發現，若是對實驗動物施以長時間生理或心理壓力，動物便會表現出精神崩潰的全部症候。因為拒絕面對無法忍受的處境，牠們的腦袋會罷工，要不是完全停擺（這時狗會失去知覺），便是變得遲鈍和狂亂（這時狗的行為會不切實際，或是出現相當於人類歇斯底里的症候）。動物的抗壓性有高有低。具有巴甫洛夫所謂「異常興奮」體質的狗要比性情只是「活潑」的狗崩潰得快。類似地，「意志薄弱」的狗也比「冷靜沉著」狗快得多到達能忍受的極限。但就連最堅毅的狗照樣無法無了期地抵抗壓力。只要施加的壓力夠強和時間夠長，牠們照樣會像最弱的狗那樣，陷於完全崩潰。

巴甫洛夫的發現以最慘痛的方式和在一個極大規模下獲得證實。兩場世界大戰的無數個案證明了，士兵若是有過一次慘絕人寰的經驗，又或是有過連續許多次較次級的恐怖經驗，就會表現出許多種失能性身心症候。這包括短暫的不省人事、極端暴躁、昏昏欲睡、功能性失明、癱瘓、遇到危險時以不合常理的方式行為和行為模式徹底改變，等等。所有這些症候都在巴甫洛夫的實驗狗身上出現過——他們在第一次世界大戰被統稱為「砲彈震撼」（shell shock），在第二世界大戰被統稱為「戰鬥疲勞」（battle fatigue）。就像狗一樣，人對壓力的忍受極限有高有低。在現代戰爭的環境中，大部分人連續待大約三十天就會到達極限。意志力較低的人只消十五天便崩潰。意志力高於平均值者可抵受四十五天，甚至五十天。但不管意志力是強是弱，只要壓力持續，都必然會垮掉。唯一例外的是那些一開始就精神不正常的人。所以，相當諷刺的是，能夠無了期挺得住現代戰爭壓力的人只有精神病患。人瘋狂可讓人對集體瘋狂的後果免疫。

每個人都有意志折斷點這事實，從不知道多久以前便被認識的，並被人以一種不科學的粗糙方式加以利用。在一些情況中，人會對同類極端凶殘，是因為可以從中得到快感和嗜血。但更常見的不是純粹的施虐癖，而是出於功利主義、神學或國家理性需要的施虐癖。例如，法官對人犯用刑就是為逼出口供，教士對異端用刑是為懲罰邪說和讓受刑者悔悟，祕密警察則是奉國家之名對可疑分子刑求。在希特勒治下的德國，刑求（繼之以集體滅絕）是用來對付生物學上的異端：猶太人。用希姆萊（Himmler）[1]的話來說，一個年輕納粹黨人只要去過滅絕營一趟，就會「對何謂低等生物和劣質人種印象深刻」。有鑑於反猶太主義的癡狂特質（這種主義是希特勒年輕時在維也納的貧民區撿來），它會復興教廷從前用來對付異端和女巫的方法便是勢不可免。但巴甫洛夫的發現和精神醫師治療戰爭精神官能症患者所得的知識卻讓刑求顯得落伍過，可憎可怪。因為根本用不著對身體施虐，光靠施加足夠的心理壓力便足以讓人犯完全崩潰，不打自招。

不管早年的情況是如何，共產主義國家的公安如今顯然沒有廣泛使用刑求。他們的靈感來源是不是宗教審判官也不是納粹黨衛軍，而是上文提到的生理學家和被他按部就班施以制約的實驗動物。對獨裁者和他的警察部隊而言，巴甫洛夫的發現有著重大實用意涵。如果狗的中樞神經系統可以被擊潰，那政治犯的中樞神經系統理也理應如此。這

1 納粹頭子之一。

純粹視乎你施加的壓力份量和時間長度是否足夠。經過這樣施為，犯人最終必會陷入精神官能症或歇斯底里狀態，準備好招認任何你想要他們招認的罪名。

但獨裁者真正需要的不是犯人認罪。一個沒救的精神官能症患者對任何人都不會有用處。對任何精打細算和講究實際的獨裁者來說，真正上算的不是把一個政治犯送進精神病院或槍斃，而是讓他歸信，為己所用。在這一點上，巴甫洛夫再一次為獨裁者帶來啟迪，因為他發現，當狗因為受到高壓而即將精神崩潰之際，正是其最容易收暗示之時。換言之，當狗接近或抵達忍受壓力極限之際，你輕易便可以給牠們灌輸新的行為模式。而且，這些新行為模式一經植入便無可消除，會終身跟著被植入者，成為其基本個性的一部分。

施加心理壓力的方法有很多種。當刺激大得異乎尋常，狗會煩躁不安；當一種熟悉的刺激被大大拉長時，狗會不知所措；當一種刺激違反狗所學來的預期或當一種刺激無法被收納到狗的既有參考架構時，牠的的大腦會被弄糊塗。研究又發現，蓄意引發的恐懼、憤怒和焦慮可以大大提高狗接收暗示的能力。如果這些情緒以高分貝維持一段夠長時間，狗的大腦便會「罷工」，而這時要給狗灌輸新的行為模式也會變得輕而易舉。

可提高狗隻接收暗示能力的生理壓力包括疲勞、受傷和各種疾病。

對未來的專制者而言，這些發現具有重要實用意涵。例如，它們證明了希特勒一個見解相當正確：晚間舉行群眾大會要比日間舉行更有感染力。他寫道：在白天，「人的意志力會以最高能量反抗任何企圖闖入的他人意志或他人意見。但到了晚上，他們會更容易屈服於來自更強意志的宰制力」。

巴甫洛夫也應該會同意希特勒的另一見解：疲勞會提高接收暗示的能力（這也電視節目的贊助廠商更願意砸大錢購買晚間節目時段的原因之一）。

疾病在強化接收暗示能力一事上比疲勞更有效。過去，有無數人是在病房裡皈依宗教。到了未來，擁有科學素養的獨裁者會知所在所有醫院安裝音響設備和枕邊擴音器，而罐頭教條[2]會一天二十四小時播放。更重要的病人則會有政治的靈魂拯救師和思想改造師前來探望——一如他們的祖先曾被牧師、修女和虔誠的平信徒探望。

早在巴甫洛夫很好以前，便曾有人認識到強烈負面情緒可以提高人們接收暗示的能力，並加以利用。薩金特（William Sargant）在其深具啟發性的著作《爭取心靈之

2 這個詞是仿「罐頭笑聲」而造。

戰》（*Bettle for the Mind*）即指出過，約翰．衛斯理（John Wesley）[3]的傳教事業之所以大獲成功，在於他對人類的中樞神經系統有著發自本能的了解。每次講道，他都長篇大論細細描述他的聽眾（若不痛改前非的話）會在地獄裡受哪些酷刑的折磨直到永遠。然後，當聽眾的驚恐心情和痛苦負罪感愈積愈高，近乎要完全崩潰之際（甚或完全崩潰之時），他又會馬上改變語氣，保證凡是願意相信上帝和懺悔的人都一定可以得救。通過這種布道方式，衛斯理贏得了數以萬計男女老少的皈依。強烈和長時間的恐懼可以折斷人的意志力，創造出一種極容易接收暗示的狀態。這種狀態讓他們準備好不分青紅皂白地接受他們牧師的神學宣示。那之後，牧師的慰撫之言會讓他們的人格重新洗牌，自此洗心革面，循規蹈矩，表現出一些新植入他們的心靈及神經系統裡和擦拭不掉的行為模式。

政治宣傳與宗教宣傳是否有效，端在方法是否用對，不在內容為何。它們的內容是真是假或是好是壞皆無關宏旨。只要是在神經疲弱恰當階段以恰當的方式植入，它們就會管用。只要條件得宜，則幾乎任何人都可以被灌輸得相信任何事情。

對於共產主義國家是用哪些方法對付政治犯的問題，我們有詳細的記載可資稽考。從收監的一刻開始，受害者便會被系統性地置於很多種不同的身心壓力之下。他吃不好，生活環境極不舒適，每晚只被容許睡幾小時。他全時間被置於一種懸疑、不確定和強烈恐懼狀態。他會一日復一日被盤問（更精確地說是一夜復一夜被盤問，因為深諳巴甫洛夫理論的警察曉得疲勞可以大大強化人接收暗示的能力），每次盤問總是連續幾小時。期間，盤問者會極盡嚇唬、搞混和哄騙之能事。如是者幾星期或幾個月之後，受害者的大腦會開始，招認任何盤問者想要他招認的事情。如果當局想要他歸順而不是槍斃他，他就會被溫言安慰，被許以盼望。又如果他願意接受新信仰，他就會得救贖——當然是在此生而不是在下輩子得救贖，因為官方根本不承認有下輩子這回事。

類似但較不激烈的方法也被使用於韓戰期間。在中國的戰俘營裡，西方的被俘者被系統性地置於於壓力之下。例如，只要違反了最雞毛蒜皮的規定，他就會被帶到司令員的辦公室接受盤問、叱責和公開羞辱。這個過程會重複上演，一遍又一遍，不輪白天或黑夜的任何時間都有可能發生。這種持續不斷的騷擾會讓受害者產生困惑感和慢性焦慮。為了強化他們的負罪感，他們還會被迫一遍又一遍撰寫長篇的自我批判，而且一篇得比一篇更鉅細靡遺。在交代過自己的罪之後，他們又會被迫交代同袍的罪。其目的是

3 約翰．衛斯理：十八世紀英國牧師，基督教循道宗的開創者。

把集中營營造為一個夢魘般的社會，其中每個人都互相監視，互相揭發。除這些心理壓力外，戰俘還得承受營養不良、不舒適和疾病的生理壓力。他們接收暗示的能力因而大大加強，而中國人也對此有充分利用：給這些有反常容受性的心靈餵入大量親共和反資本主義宣傳。這些伊甫洛夫技術取得極大成功：據官方統治，每七個美國戰俘就有一個因與中共嚴重串通罪而被軍事法庭定罪，每三個就有一個因輕微串通罪而被定罪。

切不可誤以為這類手段是共產黨專門保留來對付敵人。在中共政權的第一年，有許多年輕農工被派到全國無數的鄉鎮充當共產黨的宣傳員和組織員，而他們事先接受的思想灌輸過程甚至比戰俘還要白熱化。在《共產主義下的中國》（*China under Communism*）一書中，沃加（R. L. Walker）詳述了黨的領導人是用何種方法把數以千計的男男女女改造成無私的狂熱分子。使他們足以擔當傳播共產主義福音和貫徹黨政策的大任。在這個改造體系裡，人類原物料會被運至特殊的營地，讓他們跟家人、朋友和外界完全失去聯繫。在營地裡，學員得從事各種累死人的身體勞動與心靈勞動。他們從不孤單，總是身處在群體裡。他們被鼓勵彼此監視，被要求撰寫自我批判材料。因此，他們恆常處於慢性恐懼中，老是擔心別人的小報告和自己的自白會帶來橫禍。在這種具有高度接收暗示能力的狀態下，他們上了密集的馬克思理論課程和實踐課程。通不過考試的人後果堪虞：輕者會受到不光彩的斥逐，重者會被送進勞改營坐一段日子牢，甚至被殺掉。如是者經過大概六個月之後，漫長的生理壓力和心理壓力便會創造出巴甫洛夫發現過的種種結果。學員一個接一個崩潰（有時是一整群同時崩潰）。精神官能症和和歇斯底里的種種症候紛紛出現。有些學員自殺身亡，另一些（據說人數高達總數兩成）則得了嚴重精神疾病。能在這種嚴酷環境裡生存下來的人會發展出全新和擦拭不掉的行為模式。自此，他們跟自己的過去（包括朋友、家人、傳統的信念和價值觀）完全一刀兩斷。他們變成了新造的人[4]，被他們的新上帝以自己的形象重塑過，自此只全心全意侍奉祂一個。

在共產世界，每年都有數以十萬計這種律己和獻身的年輕人從數以百計的改造中心被生產出來。跟耶穌會為羅馬教廷的反宗教改革大業所生產者相比，這些產品要更科學化和受過更嚴苛的訓練，而我們也有理由相信，這樣的生產會在歐洲、亞洲和非洲的共產黨持續不斷進行下去。

在政治立場上，巴甫洛夫看來是個老派的自由主義者，但諷刺的是，他的研究和理論卻帶來了成千上萬狂熱獻身的心和靈、狂熱獻身的條件反射和神經系統，致力於哪裡

4「新造的人」原是基督教用語，指接受基督信仰會使人脫胎換骨，有如「新造」。

找得到老派的自由主義就在哪裡予以摧毀。

當前流行的洗腦技術是一種混種，其有效性部分依賴暴力的系統性行使，部分依賴巧妙的心理學操弄。它標誌著《一九八四》的傳統正向著《美麗新世界》的傳統轉移。在未來世界的獨裁政權眼中，我們當前採用的半暴力操弄方式無疑會粗陋得可笑。因為只要在襁褓階段對中層和下層階級成員進行條件制約（也許還可以加上胚胎階段的生物學操弄），他們自然會伏首貼耳，根本用不著什麼改造課程或重溫課程。至於高階級的成員，則因為需要有思考力以應付各種狀況，所以受到的制約不若那些用不著理性的低等人嚴格（低等人的責任只是乖乖工作直到死去）。正因如此，高階層成員仍保留著野生物種的特點——他們的責任是訓練和監督完全馴化的動物種。他們身上保留的野性讓他們有可能變成異端或叛亂分子。一旦發生這樣的事，他們要麼會被消滅、要麼會被洗腦以重新回歸正統，要麼會（《美麗新世界》裡的情形便是如此）被放逐到某個島嶼，讓他們無法製造麻煩（他們給彼此製造麻煩是另一回事）。但普遍的嬰兒制約和其他操弄及控制技術離現今大概還有好幾代之遙。所以，在通向「美麗新世界」的道路上，統治者將不得不繼續使用過度性和權宜性的操弄技術：洗腦。

第八章　以快樂藥物遊說

在我虛構的「美麗新世界」裡沒有威士忌，沒有菸草，沒有非法的海洛因，沒有走私的古柯鹼。人們不菸不酒，不用鼻子吸毒品，也不皮下注射。每逢憂鬱或情緒低落，他們的解憂方法是吃一或兩顆稱為「唆麻」的化合物。「唆麻」原是古雅利安人（印度的征服者）一種植物（有可能是肉珊瑚〔Aslepias acida〕），專用於莊嚴肅穆的宗教儀式：過程中祭司和貴族會暢飲用「唆麻」莖壓出來的汁液。《吠陀》中的詩篇告訴我們，飲用「唆麻」的人會在很多方面蒙福：身體會變強壯，內心會被勇氣充滿，歡欣鼓舞，心靈獲得啟蒙，切身體會到何謂永生並由是對自己的不朽信心滿滿。但這種聖汁液有其副作用。「唆麻」是一種危險藥物：就連偉大的天空之神因陀羅有時也會因為喝了它而生病。凡人喝過多的話甚至會一命嗚呼。不過，喝「唆麻」所帶來的超塵之樂和啟蒙被認為是一種極大榮寵。為了得享受這種榮寵，付再大的代價也是值得。

《美麗新世界》裡的「唆麻」不會有它印度本尊的副作用。服少量「唆麻」讓人飄飄欲仙，多吃一點點會讓人看見異象，又如果你一次過吃三顆，便會進入幾分鐘暢快淋漓的睡眠。這一切好處都用不著你付出生理或心理代價。靠著它，「美麗新世界」的居民可以逃離自己的黑色情緒或日常生活常見的無聊而無須犧牲健康，也不用擔心身體效率會有永久減低之虞。

在「美麗新世界」裡，服用「唆麻」並不是一種個人惡癖，而是一種政治制度，甚至就是《人權法案》所保障的「生存權利」、「自由權利」和「追求快樂權利」的精粹。另一方面，這種人民最珍貴和不可剝奪權利又是獨裁者最強有力的統治手段之一。為國家利益而系統性鼓勵人民嗑藥乃是世界大都督們的政策主綱領之一（這麼做當然也湊巧符合了他們的個人利益）。「唆麻」每日的定量配給可以防止個人的適應不良、社會不安與顛覆性觀念的散播。馬克思說過，宗教是人民的鴉片，但在「美麗新世界」，情況卻是剛好顛倒過來：鴉片（即「唆麻」）是人民的宗教。就像宗教一樣，這種藥物具有撫慰和補償效果，可喚起對另一個世界（更好的世界）的異象，可提供盼望，可強化信仰和提。有位詩人說過：

〔啤酒〕比密爾頓更能證明上帝對人類的厚愛

但我們要記住，與「唆麻」相比，啤酒是一種粗糙得多和不可靠得多的麻醉品。就可以證明上帝對人類的厚愛而言，「唆麻」之於酒精猶如酒精之於密爾頓的神學論證[1]。

一九三一年，當我正在構思一種可讓未來人類既快樂又溫馴的合成藥物時，著名的美國生化學家佩奇博士（Dr. Irvine Page）正準備裡開德國（他先前在德皇威廉學術院待了三年，研究大腦化學）。在寫於近期的一篇文章裡，他說：「我搞不懂科學家何以會拖了這麼久才回過頭研究自己腦袋的化學反應。我會有這感想是出於深刻的個人經驗。因為當我在一九三一年回國時……我找不到一分這領域（指腦化學）的工作，也激不起一點點興趣的漣漪。」如今，事隔二十七年之後，一九三一年所不存在的漣漪卻蔚為了一股研究生物化學和心理藥理學的浪潮。酵素（一種調節大腦運作的物質）的研究方興未

1 這句話說得很迂迴，意思是「酒精比密爾頓的神學論證更能證明上帝對人類的厚愛，而唆麻又比酒精更勝一籌」。

艾。一些我們本來不知其存在於人體內的化學物質——如「腎上腺素紅」（adrenochrome）和「血清素」（佩奇博士是後者的共同發現者）——也被分離了出來，而它們對我們頭腦與身體功能的深刻影響刻正在研究中。同時還有一些新藥物被合成了出來，它們可以加強或修正或干涉神經系統賴以每時每刻控制我們身體的不同化學物質（所以這些化學物質也是意識的工具和中介）。從我們正在討論的問題的角度看，這些新藥物最引人注意的一點，是它們可暫時改變大腦的化學構成和與之關連的心靈狀態，卻不會對人體產生任何永久性傷害。就這方面來看，它們與「唆麻」相似，又跟過去的改變心靈藥物大相逕庭。例如，鴉片是一種危險，從新石器時代至今不只毀掉多少人健康。古典性的減壓品酒精也是如此。《詩篇》固然說過酒「可以悅人之心」，只可惜，酒除了可以悅人之心，還可以（過量的話）導致成癮和疾病。至少在過去八千年來或一萬年來，酒還是犯罪、家庭不幸福、道德淪喪和可避免意外的元凶之一。

茶、咖啡和馬黛茶等歷史悠久的刺激品（感謝老天爺）幾乎完全不會傷身。但它們的刺激作用非常弱，只能「使人提神而不是酩酊」。反觀古柯鹼是一種非常強力和非常危險的藥物，服用者在享受它所帶來的狂喜之後必須付出慘痛代價：陣陣痛苦的憂鬱，感覺渾身有無數蟲子在叮咬，產生被迫害妄想（有時會因此導致暴力和犯罪）。另一種歷史較不悠久的刺激品是安非他命（它的商標名字「苯丙胺」要更廣為人知）。安非他命夠力，但濫用的話會危害身心健康。據報導，日本目前大約有一百萬個安非他命成癮者。

在歷史悠久的致幻品中，最知名者是產於墨西哥南部和美國西南部的奧佩特鹼（peyote）和全世界都有人服用的大麻。根據最好的醫學和人類學證據顯示，奧佩特鹼遠不如白人喝的琴酒和威士忌傷身。它讓印地安人在儀式過程中可以進入天堂，感受到跟自己心愛的部族合為一體，而付出的代價只是得嚼一種味道讓人反胃的東西[2]和事後一兩小時會惡心想吐。大麻的害處要大一點——但大概沒有像那些煽情報導作者所說的那麼大。一九四四年，紐約市長任命了一個藥物委員會去檢視大麻的問題。經過仔細調查後，委員會得出結論：大麻對社會不構成嚴重威脅，甚至對縱情大麻的個人亦不構成嚴重威脅。它只是一種凝眼物。

討論完歷史悠久的致幻品後，讓我們再來看看心理藥理學研究的最新產品最新的研究成果。最為人熟知的是三種新型鎮靜劑：「利血平」（reserpine）、「氯丙嗪」

2 指的就是奧佩特鹼。

（chlorpromazine）和「眠爾通」（Meprobamate）。施用在某些範疇的精神病人身上，前兩者的效果非常顯著——雖未致可以把病治癒，但至少可以暫時解除他們那些最讓人不安的症候。眠爾通對罹患各種精神官能症的患者起著類似效果。三種藥物都不是全不傷身，但它們索要的代價（以生理健康和心靈效率的標準而言）異常的低。在一個沒有白吃午餐供應的世界，上述三種鎮靜劑可說是收費少少，報效多多。「眠爾通」和「氯丙嗪」都還不是「唆麻」，但卻在一個方面與這種神奇藥物異常類似。在大多數個案，它們都能暫時緩解神經緊張而不會引起長期器官傷害，而在其起作用期間也僅會對頭腦和身體靈活性造成些微損害。它們除了做為安眠藥效果比不上「巴比妥」（barbiturates），其他方面都要更可取，因為巴比妥會讓頭腦變遲鈍，而且吃多了還會引起一堆不怡人的身心症候，有時甚至會讓服用者全面上癮。

藥理學家最近發明的「迷幻藥」（LSD-25）體現出「唆麻」的另一個方面，即可以優化感官和創造幻覺而幾乎用不著服食者付出生理代價。這種非凡藥物只要極小劑量（小至二萬分之一克甚至四萬分之一克）便可把人帶到另一個國度，效果一如佩奧特鹼。在大多數個案，服食者會被帶到一個天堂般的極樂境界，另外的少數人則會像是去了煉獄甚至地獄。但無論效果是正或負，幾乎每個服食者都會得到深刻的體悟與啟蒙。

不管怎樣，光是這種藥物能夠徹底改變心靈而又不太需要身體付出代價的事實便夠讓人十足驚異。

「唆麻」不只是致幻劑和鎮定劑，還是身體和心靈的刺激劑，可以創造出積極的幸福感和消極的快樂感（解除焦慮和緊張之後的感覺）。

完美的刺激劑（即夠力而不傷身者）猶待發現。正如前面提過，安非他命遠遠不能叫人滿意：它索要的代價太高了。比安非他命更有潛力體現「唆麻」第三方面性質的是「異丙基肼」（Iproniazid），這種藥物目前被用於為憂鬱症患者掀去愁雲慘霧、減低他們的冷漠和促進心理能量。但還有一種藥物要比更有潛力。但據我相熟的一位傑出藥理學家指出，在正臨床實驗階段的新合成藥物「迪恩納」（Deaner）比「異丙基肼」還要有潛力。「迪恩納」是一種氨基醇，據信可以提高人體內乙醯膽鹼（acetyl-choline）的分泌量，由此使得神經系統更為活躍，更為順暢。服用這種藥丸以後，人會需要較少睡眠，變得更警覺和愉快，腦筋變得更快和更好，而這一切好處幾乎完全不用付出生理代價（有副作用也只是短期）。聽起來好得不像是真的。

由此可知，「唆麻」雖然尚未問世（也極有可能永遠不會問世），但與其各方面作用類似的優秀代替品已被發現。現在已經有了身心代價低廉的鎮靜劑，有了身心代價低廉的致幻劑，有了身心代價低廉的刺激劑。

顯然，只要一個獨裁者樂於為之，他就可以利用這些藥物以遂其政治目的。例如，為防止出現政治動盪，他可以改變人民大腦的化學成分，讓他們對被奴役狀態甘之如飴。他可以用鎮靜劑去冷靜太激動的人，用刺激劑去激起冷漠著的熱情，用致幻劑去讓處境悲慘者分神。有人也許會問：獨裁者要怎樣才誘得了人民願意服用會照他喜歡方式思考、感受和行為的藥丸呢？答案極有可能是：他只要把藥丸準備好就夠。現在，菸酒都是隨時買得到，而人們願意花在這些不夠看刺激品的錢也遠多於他們花在教育子女的支出。再想想巴比妥和鎮靜劑的情況。在美國，這兩類藥物都是需要醫生處方箋方許購買。但美國大眾對它們的需求是那麼巨大（因為它們可讓都市式—工業式的生活環境變得稍可忍受），以致全美國醫生一年開出的鎮靜劑處方箋高達四千八百萬份。而且，大多數這些處方箋都是一填再填。很明顯，如果鎮靜劑可像阿斯匹靈一樣容易買到，而且一樣便宜，那它們的年消耗量就不會是現在的數字，而是數以千億顆。任何高效而便宜的刺激劑都肯定會一炮而紅。

獨裁政權下的藥劑師將來大概會被要求隨大環境的每次轉變而改變他們的調子。當國家陷入危機時，他們的責任會是拉抬刺激劑的銷路。而在兩次危機之間，因為人民太有警覺性和精力說不定會讓獨裁者難堪，這時藥劑師就應該慫恿大家多購買鎮靜劑和致幻劑。在這些的有安撫性藥劑的影響下，人民鐵定不會給主人添麻煩。

正如目前所見到的，鎮靜劑不只會讓人在該給統治者製造麻煩時不這麼做，還會讓他們在該給自己製造麻煩時不這麼做。張力過高固然是一種病，但張力過少一樣是病。我們有時就是**應該**要有一些張力，這些時候，過度的平靜（特別是以化學藥物強加的平靜）完全是不適當的。

不久前，我參加了一個以「眠爾通」為主題的研討會。會中有一個知名生化學家開玩笑地建議，美國政府應該五百億顆最流行的鎮靜劑做為禮物，送給蘇聯人民當禮物。玩笑歸玩笑，這番話不無深意。試問，當兩群人民其中一群老是受到威脅和承諾的刺激、老是被指向一方向的宣傳所引導，而另一群人民卻老是沉迷於電視和「眠爾通」，那兩者誰比較有可能在最後勝出？

我所虛構的「唆麻」除了有鎮靜、致幻和刺激作用，還有著提高接收暗示能力的功能，所以可用於加強政治宣傳的效果。目前已經有好幾種處方藥可以用於同一目的——只是它們效果不如「唆麻」而索要的生理代價卻不少。「莨菪鹼」（scopolamine）是其中之一：它是天仙子[3]毒性的主要成分，大劑量使用的話會儼如劇毒。再來還有「噴妥撒」（Pentothal）和「阿米妥鈉」（sodium amytal）。俗名「吐實劑」的「噴妥撒」被很多國家的警察用於從犯人的頑強嘴巴套出口供（大概也用來誘導犯人認罪）。「噴妥撒」和「阿米妥鈉」可降低顯意識心靈和潛意識心靈的隔閡，而且非常有用於治療「戰鬥疲勞」——這療法在英國稱為發洩治療（abreaction therapy），在美國稱為麻醉精神療法（narcosynthesis）。據說共產黨在讓一些重要犯人公開受審前也會讓他們服這類藥物。

目前，藥理學、生物化學和神經病學的發展正如火如荼，而我們可以相當肯定，只要再過一些年，可增加接收暗示能力和降低心理抵抗力的更新和更佳化學方法一定會被發現。正如人類其他發現一樣，這些新發現既有可能被善用，亦可能被濫用。它們可能被精神醫師拿來對抗心理疾病，也可能被獨裁者拿來對抗自由。更有可能的情況是（基於科學不偏袒的神聖性格）：它們會同時被用於奴役和解放，同時被用於療癒目的和摧毀目的。

---

3 一種野生毒草。

第九章　潛意識遊說

在一九一九年版《夢的解析》加入的一個註腳裡，佛洛伊德籲請讀者注意奧地利腦神經學家波茲爾博士（Dr. Poetzl）的研究：這位博士剛發表了一篇文章，談他用速示器（tachistoscope）所做的實驗（速示器由觀看箱和幻燈機兩部分構成，觀看箱可讓受測者看到一些以不到一秒鐘速度閃過的影像，幻燈機帶有高速快門，可把一閃而逝的影像投射在螢幕上）。在這些實驗裡，波茲爾「要求受測者繪出他們從速示器看到的圖畫……然後，他把注意力轉向受測者當晚所做的夢，又要求他們把夢的內容盡可能畫出來。結果證明，這些夢正好是以他們觀看速示器圖畫時沒有注意到的細節構築出來」。

後來其他研究人員把波茲爾的實驗加以不同的調整和改進，得出的結果仍是一樣。最近期的實驗是由費希爾博士（Dr. Charles Fisher）主持，實驗成果被寫成三篇論夢和「前意識知覺」（preconscious perception）的卓越論文，刊登在《美國精神分析協會期刊》。這段期間，學院裡的心理學家也沒有閒著。他們的研究印證了波茲爾的發現，顯示出人們實際看見或聽見的事情要遠多於他們自覺看見和聽見的事情。這些他們看見和聽見而不自知的事情是由潛意識心靈錄下，有時足以影響當事人顯意識層面的思考、感情和行為。

純科學（pure science）的研究不會永遠停留在「純」的狀態。或遲或早，它們都會轉化為應用科學，並在最終轉化為技術。理論會蛻變為工業實作，知識會蛻變為力量，方程式和實驗室實驗會蛻變成氫彈之類的東西。不過，在上述個案，波茲爾及其後繼研究者在「前意識知覺」取得的小小純科學知識卻保持了一段非常長（長得讓人意外）的原始純粹狀態。然後，到了一九五七年初春（剛剛好是波茲爾第一次發表相關論文的四十年後），才有人宣布「前意識知覺」觀念的純真年代已成過去，即已從理論階段轉入了應用階段，邁入了技術的領域。此一宣布造成相當大轟動，在整個文明世界都成了話題和文章主題。這不奇怪，因為被稱為「閾下投影」（subliminal project）[1]的新技術與大眾娛樂緊密相關，而大眾娛樂在今日人類生活所扮演的角色又相當於宗教之於中世紀。我們的時代有許多外號：焦慮時代、原子時代、太空時代，等等。但我們同樣有十足的理由稱之為「電視成癮時代」、「肥皀劇時代」和「唱片騎師時代」。既如此，聽說波茲爾的純科學透過「閾下投影」技術而獲得應用之後，舉世的大眾娛樂消費者自不免會感到莫大興趣。因為新的技術正是直接針對他們而設，目的是在他們自覺不到的情況下操弄他們的心靈。方法是在電影或電視節目播放之際（不是之前或之後）插入一些以千分之一秒閃過的文字或影像：例如在情人擁抱或傷心母親流淚的畫面插入「來一瓶可樂」或「點一根駱駝牌香菸」之類。觀眾的視覺神經會錄下這個悄悄的訊息，而他們的潛意識心靈將會對訊息起反應，讓當事人不多久之後便會想要喝口可樂或抽根香菸。除看到悄悄的視覺訊息外，觀眾也許還會聽到悄悄的話語（這些話語因為太輕柔或太高頻而無法為意識層面的聽覺接收到）。所以，當他們自以為只聽到「達令，我愛你」這話時，他們那敏銳得不可思議的耳朵和潛意識心靈說不定正同時接收到最新型除臭劑或止瀉劑上市的福音。

這一類商業宣傳真的管用嗎？「閾下投影」技術在電影的第一回應用只顯示出含糊的結果，而且依科學的標準衡量也非常讓人不滿意。當時，在電影裡悄悄插入的訊息是要誘導觀眾多買爆玉米花，而中場休息時間的爆玉米花銷售量也果真增加五成。但單一

1「閾下」一詞的意思與「潛意識」或「不自覺」類似。

個實驗本來就證明不了些什麼，何況這個實驗的設計大有缺陷：既沒有對照組，也未有效地排除其他可能引起爆玉米花購買量增加的變數。還可以問的問題是：難道這就是對潛意識知覺多年研究累積出來的知識的最有效應用嗎？難得真的光憑一些一閃而過的產品名稱和購買它們的命令，你就可以打破觀眾的抵抗力，招徠新的顧客嗎？很明顯，這兩個問題的答案都是否定的。但這並不表示，腦神經學家和心理學家得到的發現不具有重要的實用意涵。倘若運用得法，波茲爾的小小純科學發現說不定一樣可以成為擺布不虞有詐心靈的強力工具。

為了尋到更有啟發性的線索，我們不妨把視線從爆玉米花販售櫃台轉向另一群人。後者的實驗較為安靜，但方法卻更有想像力，方法也更勝一籌。在英國，擺布下意識心靈的過程被稱為「閃頻灌輸」（strobonic injection），強調的是先創造出進行潛意識遊說的適當條件。研究人員發現，有幾種狀況會讓人的顯意識變得對暗示特別敏感：受到輕度催眠之時，受到藥物影響之時，身體因疾病、飢餓、壓力而失能之時。同樣情況也適用於潛意識。簡言之，一個人的心理抵抗力愈低，透過閃頻所灌輸的暗示便愈是有效。我們有理有猜想，懂科學的未來獨裁者將會給所有學校和醫院安裝輕語機器和閾下投影機（兒童和病人是對暗示最敏感的兩類人），又在所有公共場所設置同一類設備，讓群眾在聽演講或參加儀式前可先接收些暗示暖暖身。

介紹過哪些條件可以增強「閾下暗示」的效果後，讓我們來看看暗示的內容該如何設計為佳。宣傳家該怎樣對受害者的潛意識心靈說話呢？直接的命令句（如「買爆玉米花吧」或「投鍾斯一票吧」）或絕對化的陳述句（「社會主義爛透了」或「X牌牙膏可治口臭」）看來只會對那些本來就有點偏好爆玉米花或鍾斯的人有效，或只會對那些切身體會過生產工具公有化或口臭之害的人有效。但光是強化既有的信仰是不夠的。一個宣傳家要能對得起客戶付給的報酬，便必須能創造出新的信仰，必須懂得如何把那些本來漠不關心和猶豫不決的消費者拉到他的一邊，懂得如何安撫敵視者的怒氣甚至使他們幡然改皈。換言之，他會知道必須用「閾下遊說」來補「閾下斷言」和「閾下命令」之不足。

針對顯意識而言，所謂的聯想遊說法（persuasion-by-association）是最有效的不講理遊說術之一。其方法是把要推銷的對象、產品或候選人硬聯繫於某種大部分人都喜愛的觀念、映像、事物或人物。因此，我們才會在推銷推土機或利尿劑的廣告裡看見美女，才會不論是推銷種族隔離還是種族融和的宣傳都看得見愛國主義言論。另外，視乎宣傳者的需要，從甘地到參議員麥卡錫的任何人皆有可能被拿來為宣傳背書。幾年前，我在中美洲見識到一個聯想遊說法的範例，讓我對它的設計者肅然起敬。話說，在瓜地馬拉的山區，唯一的進口工藝品是外國公司分送給客戶（印地安人）的彩色月曆，而其中，美國公司送的月曆又遠不如德國公司送的受歡迎。這是因為，美國月曆上的圖片不外是狗、風景或半裸的年輕女子。但狗對印地安人來說只是實用動物、風景是他們天天見慣，而他們對半裸金髮美女不只沒興趣，甚至會心生厭惡。反觀德國人卻非常用心，不嫌麻煩調查出印地安人看重些什麼和對什麼感興趣。其中一份德國月曆讓我印象特別深刻，堪稱廣告宣傳傑作。推出這月曆的是一家生產阿斯匹靈的廠商。在月曆圖片底部，你看到的是那種熟悉的藥瓶和熟悉的商標，但圖片上方卻不是雪景或秋天的森林，也不是美國可卡犬或大胸脯歌舞女郎。精明的德國人知道這一套不管用，所以改為把他們生產的止痛藥聯繫於一幅色彩鮮豔、栩栩如生的天國圖：中央是端坐在彩雲裡的「三位一體」，周圍侍立著聖約瑟、聖馬利亞、眾聖徒和一大群天使。有天父和全體天軍背書，阿斯匹靈的神效自然會深深印在印地安人簡單但極度虔誠的腦子裡。

這種聯想遊說法看來也可以讓各種「閾下投影」技術生色不少。紐約大學所進行的一系列實驗（由「國立衛生研究院」資助）發現，若果把人們在顯意識層面看到的圖像聯繫於潛意識看見的圖像（更有效的做法是聯繫於一些充滿價值判斷的字眼），將可改變他們對前一圖像的觀感。例如，如果給受測者看一張面無表情人臉的同時讓他們的下意識聽到「快樂」二字，他們便會覺得人臉友善而和藹，像是在微笑。反之，如果下意識關連詞改為「生氣」二字，同一張臉在受測者眼中便會顯得難以親近、充滿敵意和讓人不快（有一群女受測者還覺得這張臉看來非常男性，但改為配上「快樂」二字後，她們則覺得那是一張女性的臉——所以，各位人夫人父，記住了）。

對商業或政治宣傳家來說，這些發現顯然意義重大。因為如果他們在推銷某種物品、人物或政治主張時能先誘導受害者進入對暗示高度敏感的狀態，再在受害者的潛意識注入某些充滿價值判斷的字眼或影像，那他們將可在對方毫無所悉的情況下改變對方的情感和意見。據新奧爾良一家商業宣傳公司研究，這一類技術理應可以增加電影和電視劇集的娛樂價值。人們喜歡感受強烈情緒，也因此特別喜愛看悲劇、驚悚片、謀殺懸疑電影和激情電影。打鬥或擁吻畫面可以引起觀眾強烈情緒。不過，如果能在他們的下意識層面引入一些相配合的字眼或影像，他們的情緒也許會更強烈。例如，在電影《戰地春夢》裡當女主角因難產而死亡那一幕，若是能讓「疼痛」、「血」和「死亡」等字眼不斷在觀眾潛意識裡閃過，也許會更有催淚作用。這些字眼不會被觀眾的顯意識看見，但對下意識心靈的影響卻可能很大，可以大大加強業已被動作和對白在顯意識層面挑起的強烈情緒。幾乎可以確定，電影產業如果懂得使用「閾下投影」持續強化觀眾的情緒，便不會走上破產之途（但前提是電視劇製作人沒有搶先用上這招）。

介紹過聯想遊說法和知道了「閾下暗示」具有擴大情緒作用之後，我們便不難想像未來的政治大會會是什麼光景。首先當然會是有個候選人或有個寡頭統治階層任命的代表站在台上發表演說。在他演說期間，說話機器會不斷以高音頻輕聲細語，而投影機會不斷把轉瞬即逝的訊息投影到台上（因為轉瞬即逝，這些訊息只會被聽眾的下意識心靈接收到）。訊息內容依演說內容而改變：當演說者談到他本人和他對未來的宏圖大計，閃過的會是一些正面字眼和神聖影像；如果他提到國家或黨的敵人，便會改為出現一些負面字眼和可憎圖像。如果舉行政治大會的地點是美國，那在台上不斷閃過的便會是林肯的照片和「主權在民」的字樣：如果地點是俄國，那不斷閃過的便會是列寧的照片和「人民民主」的字樣，少不了的當然還有蓄著先知鬍子的馬克思爺爺。因為這一切只會發生在未來，我們現在還笑得出來。但等十或二十年之後，整件事情將會不好笑得多，因為，今日彷如科幻小說情節的東西屆時將會變成每日的政治現實。

波茲爾是我在創作《美麗新世界》時忽略掉的不祥之兆之一。全書無一處提到「闆下投影」。若我竟會重寫《美麗新世界》，這是個斷然要改正過來的疏漏。

第十章　睡眠學習法

一九五七年晚秋，加州圖萊里縣（Tulare Country）的「林中營」監獄進行了一場奇特而有趣的實驗。一群受測者（由犯人志願充當）每人枕頭底下被放一個迷你擴音器，全都是連接到典獄長辦公室的留聲機。到了夜裡，擴音器會以感情充沛的小聲音重複播放一小段「道德生活原則」說教詞，一小時又一小時播不停。如果犯人午夜突然醒來，便會聽到有靜悄悄的小聲音正在頌揚其中一種基本美德，或是正在代表受刑人的良知發出喃喃呼喚：「我對世界的一切充滿愛和慈悲，所以，請幫幫我吧，上帝。」

讀這篇報導讓我想起《美麗新世界》的第二章。在該章裡，西歐孵育既設定中心主任向一群即將成為孵育員和條件反射設定員的學生講解了國家道德教育系統的運作方式（這系統在福元七世紀被稱為「睡眠學習法」）。中心主任告訴他的聽眾，最早期的睡眠學習法實驗因為走錯方向而未能取得成功。先前的教育家都致力於給睡夢中的小孩灌輸知識，不知道認知活動是與睡眠相抵觸。要直到睡眠學習法被改為用作道德教化的工具（換言之是趁當事人心理抵抗力最低之時用語言暗示對其進行行為制約），其威力才充分發揮出來。「不透過語言進行的條件反射設定粗糙而籠統，無法灌輸更精微的區別和更複雜的行為模式。想做到這個必須靠語言，而且是不講道理的語言……」這一類言教不解釋理由，但卻會被睡夢中的大腦照單全收。這才是道地的睡眠學習法，「是有史以來最了不起的道德教化和社會化手段」。在「美麗新世界」，低下階級公民從不會製造麻煩。何以故？因為從他們學會說話和聽得懂別人說話的一刻開始，每個低下階級小孩都會一夜復一夜反覆不斷被灌輸以種種暗示。這些暗示「像是一滴滴融蠟，滴在哪裡就會黏附和固結在哪裡，直至把整塊岩石變成猩紅色一團為止。到最後，孩子的大腦裡有的就只是這些暗示，而暗示的總和就是孩子的大腦。還不只是兒童時期的大腦，還是成年後的大腦——終身的大腦。這大腦所有的判斷、欲望和決定都會是來自被灌輸過的暗示。但這一切暗示都是由我們所給予！是由國家所給予！」

就我所知，迄今為止沒有比圖萊里縣試行過更大規模的睡眠學習法實驗，而其給予受刑人的暗示就內容而言亦無疵可尋。要是我們所有人在睡夢中都可以被愛和慈悲的信息充滿就好！所以，我會反對這實驗，不是因為那個感情充沛小聲音所灌輸的內容有何不妥，而是因為實驗是由政府單位推行。因為在一個民主社會裡，睡眠學習法難道應該是一種官員有權自行決定是否使用的工具嗎？在上述的個案，施行者固然是出於好意而被施加者都是出於自願，但誰又能保證，在其他情況裡，睡眠學習法的運用照樣是發自好意和出於自願？任何讓官員有受誘惑餘地的法律或社會安排都是差勁的。反之，任何法律或社會安排若是不能防止官員受誘惑而濫用權力，不能防止他們為私利、國家利益或某種政治、經濟或教會組織而濫用權力，都是好的安排。睡眠學習法若是真的有效，那它在任何有權對身不由己對象施加暗示的人手中都會是一種巨大權力工具。民主社會深信權力常常會被濫用，所以只會委以官員有限權力，而且只委以一段有限時間。在這樣的社會，官員對睡眠學習法的運用應該要受到法律規範——當然，這是假設了睡眠學習法是一種有力的工具。那麼，它真是有力工具嗎？它的威力會大得像我想像中福元七世紀的樣子嗎？讓我們來看看證據。

在一九五五年七月的《心理學學報》，西蒙（Charles W. Simon）和埃蒙斯（William H. Emmons）分析和評價了這領域裡十個最重要的研究。它們全是與記憶有關。睡眠學習法育真的可以幫助學生應付那些需要死記硬背的功課嗎？一個人睡著時聽到的內容，到第二天早上起床還會記得多少？西蒙和埃蒙斯回答如下：「我們審視了十個有關睡眠學習的研究。它們大都曾被廣告公司、通俗雜誌和報紙文章不加批判地引用，認為足以支持人在睡覺期間仍可能學習之說。我們就它們的實驗設計、統治數據、方法論和睡眠判準進行了批判性分析，發現所有研究都有上述範疇其中一個或多個存在弱點。它們也沒有毫不含糊地指明學習是發生在**睡眠**的哪個階段。但有些學習看來是發生在睡夢中的特殊清醒時刻，只是受測者醒來後不記得吧了。從節省學習時間的角度看，這現象也許具有重大實用意義，但卻構不成**睡眠學習**……問題的癥結部分出於迄今對睡眠的定義並不充分。」

但有一個事實仍然是事實：二次大戰期間，做為實驗（類似實驗的雛形早見於一次大戰），美國軍方讓學習「摩斯密碼」和外語的學員除了白天上課，還在他們入睡後輔以睡眠學習法——結果非常讓人滿意。二次大戰結束後，美國和其他國家的好些商業公司都賣出過大量枕邊擴音器和時鐘控制的留聲機或錄音機，顧客包括急著把角色演上手的演員、想讓自己顯得不用準備便口才滔滔的政治人物和布道家、有考試要應付的學生，以及（這些是客戶中的大宗）無數不滿意自己而希望可以透過被暗示或自我暗示而脫胎換骨的人。想自我暗示者可以把自行設計的內容錄在磁性錄音帶，日間或睡眠期間一遍又一遍聆聽。對於懶得自行設計錄音內容者，則有五花八門的自助訊息可供選擇：

有幫助釋放緊張的，有讓人深度放鬆的，有提高自信的（業務員的最愛），有增加人格魅力的，不一而足。銷量最好的其中兩種錄音帶分別是幫助人達到性和諧與減肥（「我對巧克力毫不來電，對馬鈴薯片的誘惑毫無感覺，對鬆餅絕對無動於衷」）。再來還有可幫助人改善健康和提高賺錢能力的錄音帶。神奇的是，許多光顧者都主動發出感謝迴響，表示睡眠學習法暗示讓他們受益匪淺：想多賺錢的人真的賺到更多錢，許多胖女士果真減了肥，許多處於離婚邊緣的夫妻重拾性和諧，自此快快樂樂生活在一起。

在這個脈絡裡，巴伯（Theodore X. Barber）的〈睡眠與催眠〉（Sleep and Hypnosis）一文（載於《臨床催眠與實驗催眠期刊》）最是有啟發性。巴伯指出，睡眠可分為淺睡與深睡兩大類，而這個區別非常重要。在深睡中，人的腦電波圖不會出現 α 波，但淺睡中卻會出現。就此而言，淺睡比深睡更接近清醒和催眠狀態（兩者都會出現 α 波）。響亮的吵鬧聲會讓人從深睡醒來，但較不激烈的聲音不會把人吵醒，只會導致 α 波重新出現。這時，深睡會變成淺睡。

深睡中的人不會接收暗示。但當淺睡中人被施以暗示，他們就會起反應，而巴伯先生發現，這種反應與見於催眠狀態的情形一模一樣。

許多更早期的催眠研究者都做過類似實驗。在其初版於一九〇三年的經典作《催眠之歷史、實踐與理論》(*History, Practice and Theory of Hypnotism*)裡，布拉姆韋爾(Milne Bramwell)指出：「許多權威人士都聲稱他們曾把自然的睡眠狀態導入催眠的睡眠狀態。按維特斯朗特(Wetterstrand)的說法，要把一個人(尤其兒童)導入類似睡眠的狀態往往很容易……他認為這種誘導催眠術具有很大實用價值，常常會取得希望中的效果。」其他被布拉姆韋爾引用的許多經驗老到催眠家——包括知名的伯恩海姆(Bernheim)、莫爾(Moll)和福雷爾(Forel)——意見也是一樣。今日的實驗人員將不會說「把自然的睡眠狀態導入催眠的睡眠狀態」之類的話，而是會改為說：淺睡(有別於會出現α波的深睡)就像催眠狀態一樣，是一種很容易讓受測者接收暗示的狀態。例如，當一批受測者在淺睡中被告知他們即將醒來而且會感到極端口渴之後，他們果然是不久便醒來，並感覺口渴得要命，急著想喝水。在淺睡中，大腦皮質也許太不活躍以致無法思考，但它仍然會對對暗示起反應，並把暗示傳遞給自主神經系統。

我們方才也讀到，著名瑞士醫師暨實驗家維特斯朗特長於對睡夢中兒童進行催眠療法。今日，許多兒科醫生沿用他的方法，教導年輕媽媽們利用小孩淺睡的鐘點給予他們有益的暗示。透過這一類暗示可治癒小孩尿床或咬指甲的壞習慣，讓他們接受手術前不害怕，或讓他們碰到可怕情況是有信心和不慌張。我親眼見識過睡眠學習法療法對小小孩的非同凡響效果，而類似效果想必能出現在很多大人身上。

對未來的獨裁者而言，上述一切的意涵是明明白白的。只要有適當條件下，睡眠學習法確實會管用，而且效果看來幾乎就像催眠一樣好。大部分我們可在一個被催眠者身上做到的事都可以對淺睡中人做到。語言性暗示會通過昏沉沉的大腦皮層抵達中腦、腦幹和自主神經系統。如果暗示內容設計得很好又能經常重複，就可以改善或干擾睡眠者的身體功能，修改他原有的感覺模式，安裝上新的感覺模式，把命令、口號、公式和觸發詞深植在當事人的記憶力裡。兒童要比成人更受睡眠學習法左右，而未來的獨裁者也會懂得充分利用這個事實。他會讓托兒所和幼稚園的小孩在午睡時間接受睡眠學習法所灌輸的暗示。大一點的小孩（特別是父母是黨員的那些，換言之是長大後會成為領導、高階管理人和老師的那些）則會被送到寄宿學校，讓他們白天接受教育，晚間輔以睡眠學習法。至於成年人，會特別受關照的是病人。巴甫洛夫許多年前便證明過，即便是意志力堅強和心理抵抗力高的狗，在動過手術或罹患了失能性疾病之後，一樣會變得完全有「可暗示性」（suggestibility）[1]。基於此，未來的獨裁者會確保醫院的每間病房皆設

1「可暗示性」指「易於接收暗示的性向或狀態」。

有音響。這樣，不管是因盲腸炎、分娩、肺炎或肝炎而住院的人都有機會上一回密集的忠誠課程，把本國本黨的意識形態基本原則好好重溫一遍。其他會找到身不由己聽眾的場所包括監獄、勞改營、軍營、海上航行船隻、晚班火車飛機、巴士總站和火車站候車室。即便睡眠學習法對這些身不由己聽眾只能產生十分之一效果，仍然非常可觀，足以叫獨裁者感到滿意。

談過淺睡是一種可大大強化「可暗示性」的狀態之後，讓我們再來看看人在清醒狀態的「可暗示性」是如何（但人真的有「清醒」狀態可言嗎？還是他們只是自以為清醒吧了？佛教即強調，大部分人一生都是活在半睡夢狀態，只有開悟了才會完全清醒——所以「佛」一詞又可翻譯為「覺者」）。

從基因學的角度看，每個人皆為獨一無二，許多方面都跟所有其他人有所不同。人類的個體差異性與統計的常態分布出入極為驚人。不過我們知道，統計的常態分布只會用於精算性計算，不會用於實際生活。在實際生活中，不存在「平均人」（average man）這種人，有的只是個別的男女老少——他們各有與生俱來的身心特質，但全都設法（或被迫）把他們的生物多樣性塞入某個文化模子的劃一性裡。

「可暗示性」是人與人之間大異其趣的特質之一。環境因素當然也會讓某個人比另一個人對暗示更有反應，但體質差異毫無疑問同樣扮演著吃重角色。對暗示極端有抵抗力的人鳳毛麟角。也幸而是如此，否則社會將無法存在。社會之所以能夠以尚可的效率運作，正是因為大部分人都在不同程度上相當有「可暗示性」。對暗示極端無抵抗力的人也不多，大概就跟極端有抵抗力的人一樣少。這也是幸事，因為假若大部分人都會對暗示動輒起反應，那大多數選民就不會有自由理性選擇的餘地，而民主制度也將無法存續，甚至無從出現。

幾年前，麻省綜合醫院一群研究人員針對安慰劑的止痛效果進行實驗，得到的結果非常有啟發性（安慰劑是指任何無藥效但被病人相信其為真藥物的物質）。受測者一共一百六十二人，全都是剛動完手術而傷口相當疼痛者。每逢有病人要求止痛，醫護人員就會給他或她注射一針嗎啡或蒸餾水。所有病人都既接受過嗎啡注射，亦接受過蒸餾水注射。大約有百分之三十病人從不能憑安慰劑止痛，有百分之十四病人每次接受蒸餾水注射後疼痛都會消失。剩下百分之五十五病人有時可憑安慰劑止痛，有時不能。

那些對安慰劑易起反應和那些對安慰劑不起反應的病患差別何在？經仔細研究和測試後發現，年紀和性別都不是顯著原因。對安慰劑易起反應的男性和女性差不多，年輕人和老年人也差不多。兩群人的平均智商也接近。真正的差異在於性情氣質，在於他們對自己和別人的觀感。對安慰劑易起反應者通常更合群，少些挑剔和猜疑。他們不會給護士找麻煩，並認為醫院對他們的照顧「好得沒話說」。但易起反應者雖然比不起反應者易相處，他們對自己的身體狀況一般比較焦慮，而身處壓力時，這些焦慮會發為各種身心症狀，如胃痛、腹瀉和頭疼。不過，與不起反應者相比，他們更健談和樂於表達自己的情緒感受。他們的宗教信仰也較深，對自己教會的事務有較積極參與。另外，在潛意識的層次，他們也更關注自己的骨盤和腹部器官。

對安慰劑易起反應者的人數比例跟易被催眠者的人數比例大約相當。據一些催眠專家統計，人口中有五分之一的人很容易被催眠，又有五分之一的人完全無法被催眠（除非是先有藥物或疲勞等因素降低他們的心理抵抗力）。剩下的五分之三比第一組人難催眠一些，但比第二組人容易得多。一位生產睡眠學習法錄音帶的廠商告訴我，他的顧客中有大約兩成反應熱烈，自稱很短時間內便便取得驚人成果。但又有百分之八的顧客老是要求退錢。介於這兩個極端之間的是那些睡眠學習法無法快速見效但假以時日還是會生效的人。這類人只要持之以恆聆聽睡眠學習法教誨，最終都會得到他們想得到的：自信、性和諧、體重減輕、賺更多錢，等等。

民主與自由的理想備受人有「可暗示性」的殘酷事實威脅。在任一群選民中，都總有五分之一人轉眼間便可被催眠，有七分之一人光靠注射蒸餾水便可解除疼痛，有四分之一人會對催眠起迅速而熱烈反應。除了這批太願意配合的少數人外，還必須加上慢熱型的大多數人——這些人的「可暗示性」雖然不那麼高，但只要碰上願意多花些時間和不嫌麻煩的行家，他們最終一樣會乖乖就範。

個人自由和個人的強烈「可暗示性」是可相容的嗎？民主制度遇到訓練有素的心靈操弄師的從內顛覆（這些人同時精通剝削個人與群體「可暗示性」的科學與藝術），還可能存活下去嗎？在何種程度上，對個人自身和民主社會兩皆不利的易受暗示擺布天性可為教育所抵消？法律可在多大程度上限制生意人、神職人員和在朝在野政客濫用心靈操弄技術？前兩個問題已直接或間接在前面章節討論過。接下來，我要探討的是預防和治療之道。

第十一章　為自由而設之教育

為自由而設之教育（education for freedom）必須從陳列事實和闡述德目開始，接著是開發出可以實現這些德目的適當技術，以及對那些刻意罔顧事實和否定自由德目的人開火。

在前面其中一章，我討論過所謂的「合群倫理」，透過它，由組織臃腫和人口過剩所導致的種種弊害被合理化，被妝點得樣貌姣好。這樣一套價值體系是跟我們對人類體格與性情氣質的所知相洽的嗎？「合群倫理」假定，後天環境足以完全決定人類行為，而先天因素（個人與生俱來的身心特徵）則可以忽略不顧。但這是真的嗎？人類難道真的只是社會環境的產物？又如果說這不是真的，那我們憑什麼可以說，個人比他身為一分子的群體較不重要？

現有的一切證據都表明，不管是對個人生命還是社會生命來說，遺傳因素都像文化因素一樣重要。每個個人就生物學的標準來說都是獨一無二，與所有其他個人都有不同。基於此，自由是一大好事，寬容是一大美德，統制化則是一大不幸。然而，出於實踐或理論的立場，獨裁者、組織人和某些科學家卻迫不及待要把叫人花多眼亂的人類多樣性化約為某種好控制的劃一性。當行為學派[1]掀起第一波熱潮時，華生（J. B. Watson）曾大剌剌宣稱，他找不到任何證據「可以支持有遺傳行為模式存在之說，或支持某些特殊才能（音樂、藝術等）是來自家族遺傳之說」。即使時至今日，哈佛大學的傑出心理學家史金納（B. F. Skinner）居然還斷言：「隨著科學解釋的涵蓋愈來愈全面，個人（individual）能有的作用看來近乎於零。人自誇擁有創造性，自誇在藝術、科學和道德上表現非凡，自誇具有選擇的能力和為選擇後果負責的能力——但這一切在科學的新自畫像裡都不顯著。」這不啻是說，莎士比亞的戲劇並不是莎士比亞所寫，甚至不是培根或牛津伯爵所寫[2]，而是出自維多利亞時代的英格蘭之手。

六十多年前，威廉・詹姆斯（William James）寫了〈偉人及他們的環境〉（Great men and their Environment）一文，反駁史賓塞（Herbert Spencer）[3]對傑出人物的攻擊。史賓塞嘗稱，「科學」已廢去了偉人的作用（這種把某時代幾位教授先生的意見和「科學」劃上等號的做法還真方便省事）。他寫道：「偉人是社會所生，也必須跟社會的所有其他現象被歸類為同一範疇，即應被看成是其前因的一個後果。」偉人也許看起來像是「變遷最直接的肇因者……但對任何變遷的任何充分解釋都只能在所有條件的聚合中找到——偉人和變遷本身皆是從所有條件的聚合中產生」。這種理論就像其他空洞深奧的理論一樣，很難說是真有任何實質意義。這位哲學家等於是說，想要弄懂任何事情，得先弄懂其他一切事情。這話毫無疑問是真理，只可惜我們永遠不可能弄懂一切，所以也必須滿足於只弄懂部分和弄懂最直接的原因（偉人的影響力即為其中之一）。正如威廉．詹姆斯指出：「如果有什麼是人類可以確知的話，那就是，偉人的社會（這稱呼恰如其分[4]）在被偉人再造過之前，不可能把他造就為偉人。造就他的是種種生理力量，至於其他力量（包括社會環境、政治環境和地理環境，甚至包括一大部分人類學環

1 行為學派：二十世紀初起源於美國的心理學流派，創始人為華生，主張心理學應該研究可以被觀察和直接測量的行為，反對研究沒有科學根據的意識。許多行為主義者認為自由意志只是一種幻覺，並認為人類所有的行為都是由先天與後天環境所決定。後面提到的史金納亦為主要代表人物。

2 作者有這麼一句，是因為有些學者懷疑莎士比亞戲劇的作者另有其人，有的猜是培根，有的猜是牛津伯爵愛德華．威爾。

3 史賓塞：十九世紀英國哲學家，被稱為社會達爾文主義之父。

4 指社會莫非偉人造就。

境），對他的形塑程度只大得（或說小得）像是維蘇威火山口之於火山煙霧的形狀（這火山現在就在我窗外）。然則，史賓塞先生是不是要主張，在一五六四年四月二十六日，匯聚於埃文河畔斯特拉特福（Stratford -von-Avon）的種種社會性壓力是那麼巨大迫切，以至於非得誕生出一個莎士比亞來不可？……是不是說倘若上述那位莎士比亞因霍亂而夭折，出於恢復社會力均衡的要求，斯特拉特福的另一位媽媽必然會生出另一個一模一樣的莎士比亞？」

史金納是實驗心理學家，而他的論文〈科學與人類行為〉（Science and Human Behavior）也完全是奠基於堅實的事實。只可惜，他賴以持論的事實太偏於一類，結果就是，他大膽歸納出來的結論籠統得脫離現實，跟我們的維多利亞時代理論家[5]不相上下。這個失敗是無可避免的，因為他完全漠視威廉·詹姆斯所說的「種種生理力量」——漠視的程度幾乎就跟史賓塞一樣徹底。他的論文用了不到一頁篇幅便把基因因素可決定行為之說打發掉。他的書裡不曾提及體質醫學（constitutional medinice）的發現，也無隻字語及體質心理學（constitutional psychology），而我認為，光靠這兩門學科便足以為個人寫出一本完整而切實際的傳記，道盡他是如何被相干的生存事實塑造（這些生存事實包括他的身體、他的性情氣質、他的才智稟賦、他身邊不斷變化的環境，還有他處身的時代、地點與文化）。研究人類行為的科學[6]就像研究抽象運動的科學一樣有存在必要，但光就其本身而言，這兩門科學都無法充分說明事實。就拿蜻蜓、火箭和浪花為例好了，這三者的運動都遵守著同一批基本運動法則，但卻是以不同的方式遵守，而它們表現的「異」在重要性上至少不亞於它們表現的「同」。光是針對運動所做的研究在任何情況下都無法告訴我們是什麼在運動。行為的研究也相似，光就其本身而言，它無法告訴我們有關任何行為背後那個「身心體」（mind-bodies）的任何事情。但人類既然都是「身心體」，有關「身心體」的知道對我們便無比重要。再者，我們從觀察和經驗得知，個別「身心體」之間的差異極大，而有些「身心體」確實會受其社會環境的深深影響。在最後這一點上，羅素先生跟威廉·詹姆斯的看法完全一致，事實上也跟（我敢說）所有人的意見一致——史賓塞派和行為學派科學主義的支持者除外。依羅素之見，歷史變遷的有三大推手：經濟變遷、政治理論和重要人物。「我不相信這三者有任何之一可以忽略，」他說，「也不相信有任何之一可以被化約為另兩者的結果。」

---

5 指史賓塞。

6 指行為學派取向的研究。

照這種看法，俾斯麥和列寧若是幼年夭折，今日的世界將會大不相同（那我們真要謝謝俾斯麥和列寧）。「歷史學還不是一門科學。想要把歷史弄得看似科學，只有靠竄改和刪掉某些史實。」在現實生活中，「個人」永遠無法被化約掉。他們的作用只在空想理論中才會近乎於零，而在實際上卻是極其重要。當一件功業在世界上完成，是誰完成它的？是誰在用眼耳知覺、用大腦皮層思考、感受到動機並動用意志克服障礙的？答案顯然不是「社會環境」，因為一個群體不是一個有機體，只是一個盲目和無意識的組織。每有什麼事在一個社會裡達成，都是由個人達成。個人當然會深受身處的文化、禁忌、道德規範、以口傳或書面方式流傳累積下來的正確或錯誤資訊影響，但不管個人從社會取用了些什麼（更精確的說法是不管他從社會中其他已死或尚活著的個人取用了些什麼），他照樣是用自己獨特的方式去使用它（即透過他獨有的感知方式、他的生物化學構成、他的體格和性情氣質去使用它們）。再多的科學解釋（不管涵蓋得多全面）都無法抹煞這個自明的事實。同時，我們應該記住，史金納教授給出的那幅科學自畫像（人是社會環境產物）並不是唯一一幅——還有其他更多和更寫實的自畫像。例如，在威廉斯教授（Roger William）給出的科學自畫像裡，我們看到的便不是抽象的「行為」，而是產生行為的「身心體」——這身心體部分受環境影響，部分由自己的遺傳因子塑造。

在《人類最前沿》（*The Human Frontier*）和《自由但不平等》（*Free but Unequal*）兩書中，威廉斯教授以豐富而細緻的證據證明了人生而具有種種差異性（這差異性是華生博士認為找不到證據支持的，其作用又被史金納教授看成是近乎於零）。一個證據是，在動物界，處於愈高進化位階的物種，其個體表現的生物差異性就愈顯著。個體生物變易性最高的物種是人類，其表現的生化構成差異、結構差異和性情氣質差異要比任何物種都大。這是明明白白的事實。但出於我所謂的「追求秩序之意志」（一種把好理解劃一性強加給花多眼亂多樣性的渴望），卻導致許多人掉這事實於不顧。他們把個體的獨特性給最小化，全神貫注於較簡單和對現知識階段來說更好理解的環境因素。威廉斯教授指出：「出於這種環境至上的思維方式和研究方式，人類嬰兒本質上劃一的學說被廣泛接受，為大量社會心理學家、社會學家、社會人類學家和很多其他人（包括歷史學家、經濟學家、教育學家、法律學者和公職人員）秉持。這種學說被整合到許多負責規畫教育政策和政府政策者的思維模式裡，也常常被那些不太有批判思考力的人毫不質疑地接受。」

倘若一個倫理體系是來自對經驗資料相當切合實際的評估，後果往往是利大於弊。但很多倫理體系卻是罔顧現實的產物，也因此常常帶來弊大於利的後果。直到最近為止，一般人還相信惡劣天氣、家畜生病或性無能是由不安好心的巫師施法導致。於是，追捕和處決巫師變成是理所當然的義務。這義務在摩西第二經[7]還得到上帝親自授意：「行邪術的人，不可讓他存活。」許多最驚人的惡行都是以這種罔顧現實的道德和法律體系為源頭，讓告密、私刑和司法謀殺之風為之肆虐。這種一度盛行過幾世紀的歪風要直到我們的時代才被超越：被以罔顧現實的經濟觀為基礎的共產主義倫理超越，被以罔顧現實的人種觀為基礎的納粹主義倫理超越，由是合理化和導引出一種更大規模的凶殘。「合群倫理」哪一天若是受到普遍接受（它以人是徹底社會性動物的錯誤觀點為基礎，相信人生而心性劃一，個體性只是環境的產物），會引起的可怕後果只怕不遑多讓。因為，倘若人類真是一種徹頭徹尾的社會性動物，倘若個體差異性真是無足輕重而且可以透過制約作用予以徹底「燙平」，那自由顯然是多餘的，而國家也將有十足理由迫害那些要求自由的異端分子。對一隻白蟻而言，服務蟻窩便等於擁有完全的自由。但人類並不完全是社會動物，只會在一定程度上合群。社會並不像蜂巢或蟻丘那樣是有機體；它們只是一些組織，換言之是為集體生活而設的特殊機器。再者，由於人類的個體差異性極大，以致不管你怎樣卯足力氣去把它「燙平」，極端「矮胖型」的人（這裡是借用謝爾登的體格分類法）照樣是心廣體胖，社交上左右逢源；極端「肌肉型」的人照樣是精力充沛，橫衝直撞；極端「高瘦型」的人照樣是孤僻、內向而神經過敏。在我虛構的那個「美麗新世界」裡，不受社會歡迎的行為會受到兩重手續的事先防範：一是透過基因操弄，一是通過出生後的條件制約。在那個世界，為確保基因的高度劃一性，卵子都是取自為數有限的女性，以特殊技術使受精卵分裂再分裂，再把胚胎放入孵育瓶孵育，由此產生出一批批為數龐大的同卵多胞胎。以這種方式，人類得以像批量生產的機器那樣批量生產出來。為了讓這些人類機器更加標準化，他們出生後會被施以條件制約和睡眠學習法，長大後又可以透過服食麻醉品獲得幸福感（其效果相當於人在發揮自由和創造性時會得到的滿足感）。而正如前面章節說過，有兩股非人格性力量正把在今日的世界拉向權力高度集中和統制化的方向。批量生產人類之舉固然尚未可行，但大政府與大財閥業已擁有（或是很快將會擁有）《美麗新世界》裡描述過的種種心靈操弄技術，甚至擁有我因為想像力不夠而沒能想像出來的技術。因為還不具有把基因劃一性強加於胚胎的能力，未來世界（一個人口過剩和組織臃腫的世界）的統治者必然會設法把社會劃一性和文化劃一性強加給成年人和小孩。為達此目的，他們除了運用種種既有的心靈操弄

7 指《出埃及記》。

技術，還會以經濟脅迫手段和身體暴力威脅去輔助這些不講理的遊說方法，使之如虎添翼。倘若不願看到這類暴政出現，我們便必須毫不遲疑，給自己一代和下一代接受為自由與自治而設之教育。

我說過，這樣的教育應該從解說事實和德目開始：個體多樣性的事實、基因各異性的事實，還有自由、寬容和相互慈愛這些德目（它們是前述兩項事實的倫理推論）。只可惜，光有正確的事實和明智的原理並不足夠。平淡無奇的真理很容易便會被激動人心的謬論遮蔽，訴諸激情的高明煽動也往往不是最堅強的意志力可以抵抗。除非是受過徹底訓練，掌握了分析和看穿詭辯的技巧，才有可能不受其蠱惑。人類是靠著語言而得以跨出獸界，進入文明。但語言也助長了持久性的愚昧與系統性的殘酷——這兩種東西在人類行為的常見程度並不亞於系統性的深思熟慮和持久性的惻隱之心這項同樣也是語言助長的美德。語言讓其使用者可以聚焦在於人事物，甚至在人事物未出現前便先想到。語言可以能定義我們的記憶，並透過把經驗翻譯為象徵符號，把即時的好惡愛恨轉化為一貫的感受和行為原則。某個意義下我們的一切經驗皆是來自無意識，是我們大腦的網格狀系統從無數的大群刺激中篩選出來（篩選標準是它們對我們是否有切身重要性）。接著，從這些無意識篩選出來的經驗，我們又會或多或少有意識地再篩選出一些和加以抽象化，再從我們既有詞彙中找出字眼給它們命名，最後按一個同時是形上學、科學和倫理學的系統加以歸類（該系統是由抽象層次更高的文字構成）。如果我們篩選和抽象化經驗時是根據一個不是太背離事物本質的觀念系統，又如果我們用來給這些經驗命名的字眼是經過慎選，對它們的象徵意涵有充分了解，那我們的行為便會傾向於切合實際，不致太離譜。反之，如果我們按照錯誤的觀念系統篩選和抽象化經驗，又用不恰當的字眼給它們命名，我們就很容易會做出壞事和蠢事，犯下連牲畜都不會犯的錯（牲畜不會犯這些錯正因為不會說話）。

自由的敵人在進行反理性宣傳時，總是系統性地歪曲語言資源，務求用哄或嚇的方式，讓他們的受害者按照他們想要的方式思想、感受和行為。與此相反，為自由而設之教育（這種教育必然包含「愛」和「智」的教育，因為「愛」和「智」同時是自由的前提和結果）則必須先教會人如何恰當地使用語言。過去兩、三代哲學家曾把大量時間和精力用於分析象徵符號和意義的意義。我們所說的單字和句子是怎樣關連於我們日常生活裡的人事物的呢？討論這問題將需要大量篇幅，也會使我們離題太遠。這裡只要指出一點便足夠，基於過去兩、三代哲學家的努力，有大量現成知識材料可供各級學校（從幼稚園到研究所）用於教育學生明智使用語言的方法。然而，迄今卻還看不到任何地方會教育小孩區分真和假的陳述句，或區分有意義和無意義的陳述句。為什麼會這樣？因為他們的長輩（包括民主國家裡的成人）不想給他們這一類教育。說到這個，「宣傳分析機構」(Institute for Propaganda Analysis）短暫而滄桑的歷史很可幫助說明。該機構是新英格蘭慈善家法林（Mr. Filene）創立於一九三七年（納粹宣傳機器分貝最高和最成功的時候）。除致力於宣傳分析，該機構又編修了好些供高中生和大學生使用的教材。但接著戰爭便爆發了，所有戰場（兼含心理戰場和真實戰場）全面開打。既然同盟國各國政府紛紛投入了「心理戰」[8]，再堅持宣傳分析的重要性便有點不識趣。於是，「宣傳分析機構」在一九四一年黯然關門。不過，它的活動早在大戰前便已經招來很多人的強烈反對。例如，有些教育家基於宣傳分析教育會讓少年人變得不信任一切而反對。軍方也不喜歡這種教育，怕那些被徵召入伍的新兵會用學來的一套分析他們教育班長的說話。其他反對者包括神職人員和廣告業者：前者擔心宣傳分析會動搖信仰和讓上教堂的人減少，後者擔心它會動搖品牌忠誠和讓銷售萎縮。

這些擔心和厭惡並非毫無根據的。一般人若老是對牧師或老師說的話追根究柢，不無可能會形成巨大顛覆性。目前形式的社會秩序之所以能夠維持，所賴的正是人們願意默默接受當局的宣傳和受地方傳統加持的宣傳，不會問太多讓人尷尬的問題。所以，解決辦法再一次是找出一條皆大歡喜的中庸之道。這中庸之道要能讓個人擁有程度恰恰好的「可暗示性」——多至能讓社會繼續運作的程度，但又不多至可任由專業心靈操弄者宰割的程度。相似地，應該想辦法讓人們接受程度恰恰好的宣傳分析教育——多至不會動輒淪為鬼扯宣傳的俘虜，但又不多至動輒否定善意傳統捍衛者那些並不總是理性的宣傳。不過，我們極有可能永遠無法在輕信和全然的懷疑主義之間找到一條皆大歡喜的中庸之道。所以，這種消極的方法最終可能會需要用更積極的方法來輔助，換言之是需要建立一套以堅實事實為基礎並因此獲得普遍接納的價值體系。這價體系裡最重要的德目將（它是奠基於人類多樣性和基因各異性的事實），然後是仁慈和慈悲（它是奠基一個古老熟悉而最近又被現代精神病學重新發現的事實：不管人與人的身心差異何等巨大，愛對人類來說就像食物和住處一樣不可或缺）。最後一個德目將會是智，因為沒有智，愛將會軟弱無力而自由也將不可得。這批德目將會提供我們一個評斷宣傳品的判準。如果某種宣傳品的內容荒謬又不合道德，那我們可以馬上棄如敝屣。但如果它只是非理性，但卻不是跟愛和自由不相容，也未從原則上跟智的發揮抵觸，那我們也許就可以暫

8 這種心理戰的對象包含敵國國民與本國國民。

時容它保留下來。

第十二章　有何辦法？

我們需要為自由而設之教育，換言之需要比今日好得多的教育。但正如我指出過，自由正面臨著來自很多方向和性質各異的威脅：人口方面的、社會方面的、政治方面的、心理方面的。既然我們的疾病是由眾多病因聯手導致，那施治的方法也應該是多管齊下。在應付任何複雜的人類問題時，我們都必須照顧到所有相關因素，而不是只管單一因素。對，自由是正在受到威脅，而我們也亟需為自由而設之教育。但還有很多其他東西是我們亟需：為自由而設之組織、為自由而設之生育控制、為自由而設之立法，等等。讓我們從最後一項談起。

從大憲章的時代甚或更早開始，英國的立法者便著重保護個人的人身自由。所以，根據普通法（Commom Law）在一六七九年的一項規定，凡是以正當性可疑的理由而被拘押者，都有權向任何一級更高級的法院訴請一紙「人身保護令」（habeas corpus）。

「人身保護令」要由法官對一個郡治安官或獄吏發出，規定對方必須在某段時間之內把在押者帶到法庭，就其案件進行重新審理。要注意的是，被「人身保護令」要求帶到法庭的不是在押者的訴願狀，不是他的法律代表，而是他的「人身」（corpus），即他那個被迫睡木頭地板、聞監獄惡臭和吃倒胃監獄飯菜的身體。這種對自由基本前提（人身自由）的關心毫無疑問是必要的，但卻不是唯一的必要條件。因為出了獄的人照樣可以是不自由的：只要是心靈繼續處於被俘狀態，只要繼續是被迫按國家或某私利集團授意的方式思考、感受和行為，則一個人雖然身體解除拘禁，仍然是不自由的。這時他不可能指望得到「心靈保護令」（habeas mentem）的保護。永不可能會出現這樣的東西，因為沒有任何郡治安官或獄吏可以把一顆遭非法拘禁的心靈帶到法庭，也沒有任何心遭前面章節談過方法禁錮的人會知所申訴。基於心靈操弄術的本質，受其擺布的人會以為他們是按自己意願行事。心靈操弄術的受害者不會知道自己是受害者，他身處那座監獄的牆壁是看不見的。他的不自由只有旁觀者才看得出來。

對，就像我說過的，永不可能會出現「心靈保護令」這東西。但預防性立法卻是可能的：這種立法會把心靈的奴隸貿易宣布為非法，會參照防堵黑心食品與有害藥物的相關法令整理出一套防堵黑心和有毒宣傳的法條。例如，我們應該立法限制民職或軍職官員對屬下或受他們監管者，肆意施以睡眠學習法的權力。還應該立法禁止把「閾下投影」運用於公共場所和電視螢幕。既然有法律禁止公職候選人的競選花費不得超過某額度，那就同樣應該有法條禁止他們採取會讓民主選舉淪為笑話的非理性宣傳伎倆。

這些預防性立法會發揮一定效果，但假使目前威脅著自由的巨大非人格力量勢頭繼續擴大，那預防性立法恐亦撐不久。隨著人口不斷增加和科技不斷進步，人口過剩和組織臃腫的壓力將會愈來愈大，到了一定時間，即便最好的憲法和預防性立法亦將無能為力。屆時，憲法並不會被廢除，立意良好的法條也會繼續載在法典上。但這種自由的表象只掩蓋著一種深深不自由的實質，為其塗脂抹粉。假若放任人口過剩和組織臃腫趨勢繼續下去，那以下的可能便不是不可想像的：英格蘭曾走過的民主化過程（其特徵是民主化後繼續保留君主國的所有外觀）以倒轉方式在一眾民主國家重演。在人口加速過剩和組織加速臃腫化壓力的無情衝擊下，加上心靈操弄術變得愈來愈有效，民主政治的本質勢必發生改變。屆時，一些古趣的民主外觀（選舉、議會、最高法院等）會保留下來，但其基底實質將會變成一種新形式的非暴力極權主義。所有傳統的名號和所有神聖的口號會一仍其舊，繼續是美好舊時代的樣子，自由和民主也將繼續是廣播和社論的主題。與此同時，寡頭的統治階層和他們訓練有素的菁英部隊（士兵、警察、思想生產師和心靈操弄師），將會不聲不響把他們認為該做的工作做好。

要怎樣才控制得了那些威脅著我們得來不易自由的巨大非人格力量呢？如果光用嘴巴說說而且只是述其大要，這個問題容易回答得要命。以人口過剩問題為例。急速上升的人口正帶給自然資源愈來愈沉重的壓力。有何辦法？辦法顯然是以盡可能快的速度把出生率壓低到不超過死亡率的程度。同時，我們必須以盡可能快的速度增加糧食生產、制定和落實全球性的土壤與森林保育政策，開發出可代替現有種類燃料的新燃料（這種新燃料最好是危險性和耗盡速度都比小）。另外，除了節約使用日益減少的礦產資源，還必須開發出經濟實惠的新方法，以從含礦量愈來愈低的礦源萃取礦物（含礦量最低的礦源莫過於海水）。但不消說，這一切說起來比做起來要容易近乎無限倍。以減低人口的年增量為例——這一點要怎樣辦到？我們有兩個選擇；一是透過饑荒、瘟疫和戰爭來削減，一是實行生育控制。我們大部分人一定都會選擇生育控制，但這種選擇馬上會引起生理學、藥理學、社會學、心理學和甚至神學上的難題。「避孕藥」迄今尚未發明出來。但即便有朝一日發明出來，又要怎樣把藥送到千千萬萬有生育能力的女性手中（如果藥丸是針對男性設計，問題便變成如何把藥丸送到千千萬萬男性手中）？而有鑑於既有社會習俗的力量，有鑑於文化惰性與心理惰性的力量，你要怎樣說服那些該服避孕藥而不願服的人改變心意？你要怎樣克服天主教會的反對——它反對「安全期避孕法」以外一切形式的生育控制（順道一提，「安全期避孕法」在工業落後的社會被證明幾乎完全無效，而這些地方偏偏是最急需減少人口的地方）。這些問題固然是針對未來而發（是假設避孕丸會發明出來的而發），但同樣適用於現有的化學式和機械式生育控制方法，而且同樣沒有多少可得到滿意答案的希望。

若把視線從生育控制轉向增加糧食生產和保育自然資源的問題，我們會發現後兩者大概不如前者難解決，但仍然大不易。首先的難題是教育。要教會無以數計農民和農夫（世界大部分糧食由他們負責生產）改採較佳的農作方法，時間長得難以想像。好，就算他們真的受到了教育，他們又要從哪裡籌到資金，以購買農業機具、燃料、潤滑劑、電力、肥料、優質作物植株和家畜（沒有這些東西，再好的農業教育皆屬徒然）？類似地，要由誰來負責教育人類保育的原則與實作呢？面對一國之農民人口快速增長和對糧食需求的不斷增加，怎樣才能阻止飢餓的農民「破壞土壤」呢？就算阻止得了，這些農民在地力耗盡的土地復育期間，又要依賴什麼維持生計？再想想那些正設法工業化的落後社會。如果它們取得成功，又有誰能在它們拚命趕上先進工業社會之際，勸得了它們不要像它們的前驅那樣，肆意地揮霍無法再生的地球資源？在報應日來到之時，較貧窮的國家又哪來科技人才和大量資金，可以從含礦量極低的礦源萃取少不了的礦物。不能排除，假以時日，這些問題都會找到切合實際的解決方法。但要多少時日呢？在人口壓力和自然資源的任何競賽中，時間總是不站在我們一邊。到本世紀之末，如果人類夠努力，也許可以產生出比今日多一倍的糧食。問題是到時世界人口也是會多一倍，生活在已部分工業化國家的數十億人所消耗的電力、水、木材和礦物將會九倍於現在。換言之，到時糧食不足問題將一如今日嚴重，而原物料不足問題更是比今日嚴峻得多。

要解決組織臃腫的問題，困難度幾乎跟解決天然資源與人口增加問題一樣高。若光是用嘴巴說說和只述其大要，答案十足簡單。政治學上有一條公理：權力會隨財產而來。但做為一項歷史事實，生產工具正快速成為大財閥和大政府的壟斷性財產。所以，你若是信仰民主，就想辦法讓財產分配盡可能平均吧。

投票權的情形也是一樣。理論上，擁有投票權是一大保障，但實質上（正如近代歷史所一再證明的），光是擁有投票權並不保證自由。所以，如果你不希望看見民選出來的獨裁政府，那就把僅僅做為功能性集體的現代社會打散吧，打散為自治和出於自願而合作的小社群，打散為能夠獨立於大財閥和大政府官僚系統之外運作的小社群。

人口過剩和組織臃腫創造出現代的大都會，而在大都會，要維持充分合乎人性的生活（一種有豐富人際關係的生活）幾乎是不可能的。所以，如果你想要避免個人和整個社會的精神貧乏，就離開大都會，復興小型的農村共同體去吧；要不然就想辦法把大都會人性化，設法再它的機械性組織網絡中創造一些類似小型農村共同體的都市等值體。在這些小型農共同體，個人將會以完整人的身分交往合作，不再僅是發揮某種特定功能的螺絲釘。

這些解決方是明明白白的，甚至早在五十年前便明明白白。從貝洛克（Hilaire Belloc）到阿德勒（Mortimer Adler），從信用合作社的早期使徒到現代義大利和日本的土地改革者，幾代以來的善意人士一直努力宣揚經濟權力的去中心化和財產的更平均分配。期間不知道出現過多少以分散生產力和回歸小規模「鄉村產業」為宗旨的別出心裁方案。再來還有迪布勒伊（Dubreuil）的精心構想：根據這構想，一定程度的自律性和創議性會被賦予單一工業組織的不同部門。再來還有工團主義者（Syndicalists）——在他們的藍圖裡，社會是一些由工會主導的生產團體所組成的聯盟。在美國，摩根（Arthur Morgan）和布羅姆韋爾（Baker Bromwell）也曾從理論和實踐兩方面展示過一種生活在鄉村和小鎮層次的新共同體。

哈佛大學的史金納教授也從心理學家的角度指出過對治這問題的方法。在其烏托邦小說《桃源二村》（*Walden Two*）裡，他展示出一個自給自足和自治的共同體；因為完全是按照科學的原理組織，這共同體裡沒有成員會遇上反社會誘惑，不用訴諸高壓手段和討人厭的宣傳，每個人都善盡其職，每個人都快樂和有創造性。在二戰期間和戰後的法國，巴爾比（Marcel Barbu）及其追隨者先後創造過一連串自治和無階層的生產共同體——在其中，人們互助互愛，過著充分合乎人性的生活。倫敦的佩卡姆實驗（Peckham Experiment）則證明了，透過將衛生服務與結合於群體更廣泛的利益，要在大都會裡建立一個真正的共同體是有可能的。

所以說，人們對組織臃腫之疾是早有認知，開出過各種不同的周延藥方，也針對其症候在這裡那裡採取過實驗性療法，而且常常相當成功。然而，儘管有這些鼓吹之士和他們的例示性實作，組織臃腫之疾卻只見穩步惡化。我們固然知道，任由權力集中在寡頭統治集團之手是不安全的，但權力卻仍舊是繼續往愈來愈少的手集中。我們固然知道，在現代化大都市，大部分人都儼如匿名的螺絲釘，過著一種不充分算人的生活，儘管如此，大都市的規模照樣穩步擴大，而都市化—工業化的主流生活模式亦不動如山。我們固然知道，在一個非常大而複雜的社會，民主制度幾乎毫無意義，但卻繼續有愈來愈多國家事務是由大政府和大財閥的官僚來經理。所以，明顯不過的是，組織臃腫的難題在實作層面幾乎就像人口過剩的問題一樣難於解決。在這兩個情況，我們都知道應該做些什麼，卻又都無法依我們的所知而行。

至此，我們發現自己面臨著一個非常叫人心神不寧的問題：我們真有意願按我們的所知而行嗎？人口中真有大部分人認為，花費大把功夫去逆轉極權主義控制一切的當前趨勢是值得的嗎？我們可以看看美國的例子（美國在今日乃至今後好些年都足以充當其他都市化—工業化國家的鏡子）。美國最近一項民調顯示，少年人（換言之是未來的選民）中間有一個實質多數對民主制度毫無信仰，不反對打壓不受歡迎的觀念，不相信民治政府有可能實現，又完全樂於（只要可以繼續過著他們習慣的經濟繁榮生活方式）接受由各式專家組成的寡頭集團由上而下的統治方式。世界最強大的民主國家裡竟有那麼多飽食終日和只知看電視的年輕人對自治觀念、思想自由和異議權利漠不關心，著實叫人苦惱，卻不讓人意外。我們常說「自由得像隻鳥」，言下之意是頗為羨慕小鳥有能力無拘無束地在三度空間移動。但我們忘了有一種鳥叫「渡渡鳥」（dodo）[1]：任何鳥若是學會不用翅膀便可填飽肚子，都必然很快失去飛行能力，變

1 渡渡鳥：一種體型大而不會飛的鳥，今已絕跡。

成永久性陸地動物。人類的情況也類似。只要一日三餐固定有大量麵包供應，許多人必然完全滿足於只靠吃麵包過日子——唯一額外要求頂多是還要有馬戲表演可看。杜思妥也夫斯基筆下的大審判官（Grand Inquisitor）[2]這樣說過：「到最後，人們一定會把他們的自由擺在我們腳下，求說：『收我們當奴隸吧，只要餵飽我們就行。』」而當阿萊莎（Alyosha）問哥哥伊凡（Ivan），大審判官是不是在說反話，後者答道：「一點也不！大審判官把戰勝自由視為他本人及其教會的一項美德，而他這樣做是為了把快樂帶給人們。」對，大審判官是把快樂帶給了人們，因為正如他自己指出：「沒有什麼比自由更叫個人或社會難以消受。」對，「自由」確實叫人難以消受，但還有另一種東西更叫人難以消受：失去自由。一旦大環境轉壞，一旦每日的口糧被削減，渡渡鳥就一定會嚷著要求要回翅膀。類似地，今日對民主制度評價甚低的年輕人長大後也許會成為自由的鬥士。他們現在喊著：「給我電視和漢堡，別用自由的責任的煩我。」但說不定，隨著大環境改變，他們會改為高喊「不自由，毋寧死。」要是日後果真發生了這樣的革命，那原因可能是大環境已經壞得超過了最有能力的統治者可控制的地步，但也有可能只是統治者昏庸無能，無法有效利用科學技術提供的心靈操弄工具。因為想想看較早時代的「大審判官」們：他們對心靈操弄術所知甚少，相關裝備又差得可憐，照樣把工作做得出色。杜思妥也夫斯筆下的大審判官責備基督好蠱惑人們追求自由，又告訴祂：「我們修正了你的工作，並把它[3]奠定在神蹟、奥祕和權威的基礎上。」但神蹟、奥祕和權威不足以保障一個獨裁政權的永久存在。在我寫的寓言故事《美麗新世界》裡，獨裁者懂得在「神蹟」、「奥祕」和「權威」之外加入「科學」：包括用科學方法擺布胚胎，對嬰兒進行條件制約，以睡眠學習法操弄兒童及成人的心靈。而且，他們不光是空談神蹟和奥祕，而是會（透過藥物）讓子民直接經驗神蹟與奥祕，由是把僅僅的「信」轉化成狂喜之「知」。從前的獨裁者會倒台，是因為無法供應子民足夠的麵包、足夠的馬戲表演、足夠的神蹟及奥祕。他們也不擁有真正有效的心靈操弄系統。過去，自由思想家和革命分子往往是最虔誠最正統教育的產物[4]。這不奇怪，正統教育家的方法一向（至今還是如此）極端欠缺效率。但在未來，在一個懂科學的獨裁者的治下，教育必然會變得極有效率：結果就是，大部分男男女女長大後都會愛上自己的被奴役狀態，做夢也不會

2 小說《卡拉馬助夫兄弟們》裡一則寓言故事的人物，以中世紀宗教裁判所的審判官為原型。按在小說中，這寓言故事是由主角之一的伊凡・卡拉馬助夫構思、講述。
3 指基督教。
4 如作者在書前的序裡提過的，啟蒙運動領袖伏爾泰便是畢業於耶穌會辦的學校。

想到要革命。我們想不出來有什麼理由會讓一個徹底科學化的獨裁政權被推翻。

但就目前，世界還剩下一些自由。沒錯，許多年輕人看來並不看重自由。但我們中間仍然有些人相信，失去自由會讓人失去完整，所以自由無上寶貴。目前威脅著自由的力量是那麼鋪天蓋地，或許不是我們能抵抗太久。儘管如此，竭盡所能去抵抗仍是我們的責任。

Classics 2

重訪美麗新世界

原文書名	Brave New World Revisited
作　　者	阿道斯・赫胥黎（Aldous Leonard Huxley）
譯　　者	梁永安
責任編輯	柳淑惠
校　　對	李鳳珠
封面設計	朱陳毅
總 編 輯	柳淑惠
出　　版	漫步文化／遠足文化事業股份有限公司
發　　行	遠足文化事業股份有限公司（讀書共和國出版集團） 地址：新北市新店區民權路 108-2 號 9 樓 郵撥帳號：19504465 遠足文化事業股份有限公司 電話：(02) 2218-1417　信箱：service@bookrep.com.tw
法律顧問	華洋法律事務所 蘇文生律師
印　　製	呈靖彩藝有限公司
內頁排版	宸遠彩藝
初版一刷	2024 年 6 月 26 日
定　　價	240 元
I S B N	978-626-98702-1-9　書號 3MCL0002

國家圖書館出版品預行編目資料

重訪美麗新世界

阿道斯・赫胥黎（Aldous Leonard Huxley）著；梁永安譯.
一 初版. 一 新北市：漫步文化：遠足文化發行, 2023.06
　面；　公分. 一（Classics；2）
譯自：Brave New World Revisited
ISBN　978-626-98702-1-9 (平裝)
1. 未來社會　2. 社會變遷　3. 文化　4. 文學

541.48　　113007307